주말마다
손주 육아하는
할머니

주말마다 손주 육아하는 할머니
초등교사 출신 할머니의 달콤쌉쌀한 손주 육아 이야기

초 판 1쇄 2025년 06월 23일

지은이 유영숙
펴낸이 류종렬

펴낸곳 미다스북스
본부장 임종익
편집장 이다경, 김가영
디자인 윤가희, 임인영
책임진행 이예나, 김요섭, 안채원, 김은진, 이예준

등록 2001년 3월 21일 제2001-000040호
주소 서울시 마포구 양화로 133 서교타워 711호
전화 02) 322-7802~3
팩스 02) 6007-1845
블로그 http://blog.naver.com/midasbooks
전자주소 midasbooks@hanmail.net
페이스북 https://www.facebook.com/midasbooks425
인스타그램 https://www.instagram.com/midasbooks

ⓒ 유영숙, 미다스북스 2025, *Printed in Korea*.

ISBN 979-11-7355-244-1 03810

값 19,000원

※ 파본은 구입하신 서점에서 교환해드립니다.
※ 이 책에 실린 모든 콘텐츠는 미다스북스가 저작권자와의 계약에 따라 발행한 것이므로 인용하시거나 참고하실 경우 반드시 본사의 허락을 받으셔야 합니다.

미다스북스는 다음세대에게 필요한 지혜와 교양을 생각합니다.

초등교사 출신 할머니의 달콤쌉쌀한 손주 육아 이야기

주말마다 손주 육아하는 할머니

유영숙 지음

미다스북스

추천사

눈에 넣어도 아프지 않은 존재는 누가 뭐래도 '손주'다. '그 소중한 아이를 어떻게 하면 잘 기르고 교육하여, 가정에 기쁨이 되고 사회에 필요한 인재로 성장시킬 수 있을까?'는 누구나 하는 고민이고 바람일 것이다. 아이마다 발달 과정과 개성이 다르다는 것을 알면서도, 우리는 때로 조바심하고 비교한다. 지나고 보면 대부분 쓸데없는 걱정이고, 아이의 양육과 교육에 필요한 것은 무한한 사랑과 기다림이라는 것을 알면서도 말이다.

이 책의 저자, 유영숙 작가는 초등학교 교사에서 교장으로 퇴직하기까지 교육 현장에서 학생들을 가르쳐 왔다. 수많은 아이를 만나고 가르치는 과정에서 축적된 교육 비법을 지금은 주말마다 돌보는 손자들에게 아낌없이 펼치고 있다. 이 책에서는 그 이야기를 진솔하고 다정하게 조곤조곤 들려준다. 가족 간의 유대가 어떻게 형성되는지, 손주를 돌보는 데 우선시되는 게 무엇인지, 참된 기쁨과 행복은 어디서 오는지, 나아가 이 시대의 고민인 저출산 문제의 해법까지…….

최명숙
문학박사, 동화 작가, 소설가, 「숨은그림찾기」, 「당신이 있어 따뜻했던 날들」 저자

유영숙 작가님의 이번 책은 단순한 육아 기록을 넘어, 사랑의 시간에 대한 깊은 성찰이 담긴 한 권의 따뜻한 연대기라고 해도 과언이 아닙니다. 쌍둥이 손자들과 함께 보낸 7년 동안의 주말, 그 하루하루가 얼마나 귀하고 찬란했는지 글 곳곳에서 느껴집니다. 아기 때 처음 뒤집던 순간부터 초등학생이 되어 책을 읽어달라던 장면까지, 읽는 이의 마음까지 함께 자라나는 듯했습니다. 이 책은 조부모의 육아가 단순한 조력의 수준이 아니라 또 하나의 큰 사랑이고 인생이라는 사실을 보여 줍니다. 아이를 키우는 모든 이들에게, 그리고 사랑의 무게를 아는 이들에게 조용히 건네고 싶은 책입니다.

양원주
브런치 스토리 '페르세우스' 작가, 『파이브 포인츠』 저자

『주말마다 손주 육아하는 할머니』의 제목을 받자마자 강인숙·전승배 작가의 『건전지 할머니』가 생각났습니다. 『건전지 할머니』에서 엿볼 수 있는 할머니의 푸근함과 너그러움이 『주말마다 손주 육아하는 할머니』에도 고스란히 묻어납니다. 나를 덜어 두 아들을 애지중지 길러 낸 어머니는 이제 할머니로서 또 하나의 수고와 정성으로 손주들을 보살핍니다. 늘 내 맘 같지 않았지만 이렇게 멋지게 아빠가 되어 준 자식들을 위해 기꺼이 주말을 내어 놓습니다. 자식들의 더 나은 내일과 손주들의 행복한 하루를 위해 말입니다. 모처럼 먼 옛날 할머니 집에 놀러 가는 날을 손꼽아 기다렸던 추억이 돋아납니다. 그 집의 구조와 자개장, 할머니께서 아낌없이 내어 주시던 고기만두와 감주도 함께…….

홍윤표
서울새솔초등학교 교사, 『전지적 아빠 육아 시점』 저자

쌍둥이 아빠 편지글

손주 돌보기 프로 할머니이신
존경하는 어머니께

어렸을 때 저는 소설가가 꿈이었습니다. 지금은 뉴스 기사나 회사 보고서 말고는 긴 문장을 읽을 일이 없지만, 학생 시절만 해도 다양한 분야의 서적을 탐독하며 시나 소설을 끄적이곤 했습니다. 지금 다시 보면 풋내 가득한 습작 수준에 불과했지만, 당시의 저는 이 가벼운 워드 파일에 거창한 철학과 포부를 한가득 담아내려고 부단히 노력했던 것 같습니다. 정말이지, 글쓰기라는 것에 흠뻑 빠져 있던 시절이었습니다.

이제 와 돌이켜 보면, 글쓰기에 대한 저의 사랑이 어머니에게서 말미암았음을 깨닫게 되었습니다. 어머니는 '훌륭한 교육자'이자 '존경하는 엄마'이며, 지금은 '손주 돌보기 프로 할머니'라는 명함까지 획득하셨지만, 무엇보다도 지금의 어머니에게 가장 빛나는 아이덴티티는 '작가 유영숙'이 아닐까 생각합니다. 어머니가 쓰시는 단어는 담백하면서도 '허투루' 사용되는 것이 없으며, 문장에선 그 순간순간 당신의 따뜻한 마음과 가족에 대한 사랑을 한껏 읽을 수 있습니다. 그렇게 어머니의 글은 읽는 이들에게 행복을 가져다줍니다. 매일 행복하지 않더라도, 지금 당장 작은 행복을 선사해 줄 수 있는 책을 쓰셨다고 생각합니다. 저에게 어머니는 훌륭하고 존경스러운 프로 작가가 틀림없습니다.

어머니께서 책을 쓰셨다고 너무 비행기 태우는 것처럼 느껴지더라도 많은 양해를 구합니다. 원래 세상에서 제일 재미있는 이야기는 본인 이야기를 읽을 때 아니겠습니까? 하지만 그런 걸 떠나서라도, 어머니께서 본인의 이름을 딴 세 번째 책을 출간하시는 것이 아들로서 자랑스러운 마음이 큽니다. 이미 브런치 스토리나 오마이뉴스에 많은 구독자가 있지만, 조금이라도 많은 분이 어머니의 글을 읽고 웃음 짓기를 소망합니다.

어머니, 바쁜 일상 가운데 우리 지우 연우 잘 키워 주셔서 감사합니다. 그리고 책 출간도 축하드립니다.

쌍둥이 아빠 올림

쌍둥이 엄마 편지글

사랑으로 채워 주신 7년, 감사드립니다

어머니 아버지, 기억나시나요. 결혼 안 한다던 아들이 만나는 여자가 있다며 1년 정도 연애하는 모습을 보시며 신기하고 궁금하셨죠. 그해 크리스마스 날에 저녁 초대해 주셨고, 제가 첫인사를 드린 날이요. 아마 그날 저녁 식사 자리부터였던 것 같습니다. 생각해 보면 직장 다니시는 어머니 혼자서 음식을 차리시느라 얼마나 고생하셨는지는 그 당시엔 생각하지 못했고, 너무나 정성 들여서 귀한 손님 대접해 주시는 것에 감사하기만 했었습니다. 그 첫 식사 자리에서 보여 주신 그 정성과 사랑이 10년 동안 아들, 며느리, 그리고 쌍둥이 손자에게 언제나 첫 만남처럼 매 순간 매시간 한결같이 보내주셔서 진심으로 감사드려요.

쌍둥이가 태어나고 얼마 안 되어 제가 병원에 입원하게 되었을 때 아침 일찍 출근하셨다가 매일 병원에 면회를 오셔서 괜찮은지 살펴 주신 것에 대해서도 그때는 말씀 못 드렸지만, 이번 기회에 감사드립니다. 그때 어머니께서 들기름으로 직접 구워다

주신 '김'은 지금도 저에겐 가장 맛있었던 음식입니다. 그때부터 매주 주말마다 쌍둥이들을 맡아 키워 주시는 것이 어느덧 7년이 되었습니다.

쌍둥이들이 부모님 댁에 가기 전날부터 퇴근하고 오셔서 아버지는 집 청소와 매트 깔기 등으로 분주하셨죠. 그리고 쌍둥이들이 온 날은 낮잠 재우고, 놀아 주시고, 맛있는 밥과 간식을 챙겨 주시고, 산책도 함께 해 주셨지요. 그 정성과 사랑이 없었다면 저희가 지금처럼 일과 육아를 병행하며 버텨올 수 있었을까 하는 생각이 듭니다.

쌍둥이들의 모든 첫 시작은 어머니 덕분에 첫걸음을 뗄 수 있었습니다. 쌍둥이가 말을 시작할 때부터 어머니께서 전지에 출력해 오신 한글 벽보 포스터를 집 안에 붙여 놓아 쌍둥이들이 한글도 빨리 뗄 수 있었습니다. 첫걸음, 첫 기저귀 떼기, 숫자 세기, 과일 먹기, 미용실 가서 첫 머리 깎기 등 서툴고 육아와 가사 일에는 소질이 전혀 없는 며느리를 대신해서 어머니 아버지께서 모두 해 주셨습니다.

특히 엄마 아빠도 아이들처럼 긴장하고 서툴던 시기에 어머니 아버지의 넉넉한 품과 경험이 큰 힘이 되었습니다. 걱정하는 저에게 "괜찮아, 아이들은 기다려 주면 돼, 너무 어른의 속도에 맞추려고 하면 안 돼."라며 덤덤히 말씀해 주시던 어머니의 말씀은 언제나 저희에게 가장 큰 위로였어요.

그리고 아이들도 알아요. 할머니 할아버지 집은 재미있는 곳이고, 할머니랑 노는 건

신나는 일이라는 걸요. 매주 목요일 밤이면 "검단 언제 가?"라고 묻고, 엄마 아빠가 없어도 할머니 할아버지만 있으면 된다는 쌍둥이를 보며 저희는 늘 감사한 마음을 느낍니다. 어릴 적 가장 따뜻한 기억 한가운데에 할머니 할아버지가 함께해 주신다는 것이 큰 축복일 테니까요.

어머니 아버지, 아이들이 건강하게 자라는 모습, 그리고 사랑을 알고 배워 가는 모습을 지켜보며, 저희 부부는 부모님께 더할 수 없이 큰 빚을 지고 있음을 느낍니다. 사랑으로 채워 주신 시간들이 아이들에게 평생 따뜻한 등불이 될 거예요.

앞으로도 자주 감사 인사를 드리고 싶지만, 말로 다 표현하기 어려운 마음이 이렇게 한 장의 글로라도 전해지기를 바랍니다. 그리고 일하는 며느리를 너그러이 이해해 주시고, 희생해 주시는 양가 부모님의 깊은 사랑과 헌신에 고개 숙여 감사드립니다. 언제나 건강하시고, 저희도 그 사랑을 본받아 좋은 부모로 살겠습니다.

"아버지 어머니, 사랑으로 채워 주신 7년, 감사드립니다."

쌍둥이 엄마 올림

여는 글

우리 집 보물 1호

아들만 둘인데 손자가 세 명이다. 우리 집은 아들 풍년이다. 그중 큰손자가 쌍둥이다. 쌍둥이 손자가 5개월 되었을 때부터 시작해서 매주 금요일 저녁부터 일요일까지 주말 육아를 하였다. 며느리가 주말에 일하고 평일에 이틀을 쉬는 직업이라 며느리는 집에 있고 아들이 쌍둥이 손자를 데리고 우리 집에 왔다. 아들이 쌍둥이 손자를 데리고 처음 우리 집에 온 날, 지금 생각해도 가슴이 설렌다.

쌍둥이 손자 주말 육아한 것이 벌써 7년이 되었다. 쌍둥이 손자가 오는 날이면 우리 집은 작은 어린이집이 되었다. 바닥에 매트를 깔고 트램펄린을 설치하고 미끄럼틀도 들여놓았다. 7년 동안 쌍둥이 손자가 성장하는 모습을 보며 정이 들어서 쌍둥이 손자가 정말 예쁘다. 어쩌다 주말에 오지 않으면 지금도 궁금하고 보고 싶다.

이렇게 7년 동안 주말 육아하였는데 어느새 자라서 올해 초등학교에 입학했다. 작년 가을에 손자가 우리 집에 왔을 때 내가 출간한 책 『매일 행복하지 않아도 행복해』를 가지고 와서 자기들 이야기를 읽어 달라고 했다. 세 편 정도가 들어 있어 읽어 주니 우리 이야기를 왜 조금만 썼냐며 '지우 연우 추억 만들기' 책을 만들어 달라며 할머니에게 숙제를 내주었다.

그동안 쓴 글을 모아 보니 쌍둥이 손자와 관련된 글이 30편이 넘었다. 몇 편만 더 쓰면 책 한 권이 나올 것 같았다. 그때부터 쓴 글을 정리해서 이번에 책을 출간하게 되었다.

쌍둥이 손자는 첫 손자라서 정말 예뻤다. 옆에서 매주 볼 수 있다는 것 자체가 행복이었다. 쌍둥이 손자는 일란성 아들 쌍둥이로 1분 차이로 태어났다. 뒤집기 하는 것도, 기는 것도, 처음 걸음마 할 때도 다 생각난다. 처음 깡통에 쉬를 할 때도 함께 있었고, 변기에 앉아 응가를 처음 시도하는 것도 우리 집에서 시작하였다. 이유식을 먹이다가 밥으로 바꾸고, 뽀로로 수저와 포크를 사고, 빨대 컵이나 식판을 장만하며 정말 행복했다. 한글 공부도 숫자 공부도 함께 하며 쌍둥이 손자는 '우리 집 보물 1호'가 되었다.

쌍둥이가 내준 할머니 숙제를 할 수 있어서 나도 뿌듯하다. 요즘 조부모가 육아를 도와주는 가정이 많다. 이 책은 쌍둥이 손자가 태어났을 때부터 만 7세 초등학교에 입학한 즈음까지 주말 육아하며 있었던 일이다. 이 책이 육아에 조금이나마 도움이 되었으면 좋겠고, 이 책을 읽으시는 분들도 아이가 주는 기쁨을 느꼈으면 좋겠다. 더불어 우리나라가 육아하기 좋은 나라가 되어 저출산 국가가 아닌 아이들이 많은 행복한 나라가 되길 바란다.

차례

추천사　005
쌍둥이 아빠 편지글　손주 돌보기 프로 할머니이신 존경하는 어머니께　008
쌍둥이 엄마 편지글　사랑으로 채워 주신 7년, 감사드립니다　010
여는 글　우리 집 보물 1호　013

추억 하나
금요일은 할머니 집 가는 날

쌍둥이 손자가 태어났다　021
쌍둥이 손자 육아가 시작되었다　028
우리 집 베란다 미니 수영장　034
우리 집 보물 1호　039
금요일은 할머니 집 가는 날　043
손자의 민들레 사랑　048
할머니, 시금치 뱃속에 있는데요　053
세 돌에 한글을 뗀 손자　057
오늘, 아빠는 군기 반장　062
연우는 태희가 좋대요　067
신사 머리로 깎아 주세요　071
쌍둥이 손자 생일 선물　076
일주일 핸드폰 금지　080
일요일엔 우동과 돈가스　086
사랑하는 손자에게　090

추억 둘
그네 타며 세계여행

세계지도에 푹 빠진 손자 095

그네 타며 세계여행 100

왕할머니 언제 만나요 105

할머니와 다녀온 롯데타워 110

할아버지와 건강 백 년 길을 걸었다 115

추석에는 할머니와 키즈 풀빌라로 120

며느리 선물 사려고 126

쌍둥이 손자의 소원, 지하철 타기 131

할머니 고향 강릉 겨울 여행 136

삼대가 다녀온 여름휴가 141

처음 타 본 지하철 4호선 146

쌍둥이 손자와 첫 해외여행 151

쌍둥이 손자, 오늘은 외동아들처럼 169

할머니 자리 174

추억 셋
손자가 내준 할머니 숙제

3박 4일 행복한 동거　179

우리 집 베란다는 손자 자연 학습장　186

헌 이 줄게 새 이 다오　190

크리스마스 선물　194

할머니 핸드폰으로 게임 결제를　197

처음 먹어 본 마라탕　201

손자 사랑 우리 집 반려 식물들　206

손자가 내준 할머니 숙제　211

초등학교 입학 전 이사　216

쌍둥이 한 명만 왼손잡이　220

초등학교 입학 1년 전　225

유치원은 이제 안녕　232

이제는 어엿한 초등학생　238

손자는 천재인가　244

닫는 글　쌍둥이라 행복도 두 배　247

추억 하나

금요일은 할머니 집 가는 날

쌍둥이 손자가 태어났다

우리 집은 나와 며느리를 제외하면 모두 남자다. 자식도 아들 둘인데 손주마저 모두 아들이다.

결혼하고 거의 5년 만에 어렵게 태어난 큰아들은 공부를 잘하지 못했다. 그런데 미술에 소질이 있어 초등학교 때는 매년 실시하는 과학 그리기 대회에서 6년 동안 상을 받았다. 초등학교 5학년 때는 미술 학원에 다니지 않았는데도 국립민속박물관에서 주최한 '문화재 그리기 대회'에 나가서 금상을 받을 정도로 미술 감각이 있었다. 미술 전공으로 덕원예고에 가려고 중학교 1학년부터 준비하였는데 예고에 떨어지며 일반 고등학교에 입학하게 되었다. 예고 입학을 준비하면서 그동안 많이 힘들었기 때문에 고1 때는 좀 쉬고 2학년부터 다시 미술을 하기로 했다. 하지만 고2가 되어 미술을 안 하겠다고 해서 다른 진로를 찾아보던 중, 2학년 말에 대학교에 골프 학과가 있다는 것을 알고 골프를 해 보겠다고 하였다. 그 당시 골프는 돈이 정말 많이 든다고 해서 쉽게 결정하지 못했다. 우리 집이 부자도 아니고 둘 다 맞벌이이긴 하지만 월급쟁이라 결정하는 데 고민이 많았다. 하지만 자식이 하고 싶다는 데 부모가 밀어주어야지 어쩌겠는가. 자식 이기는 부모는 없다. 그래서 고등학교 2학년 말부터 골프 학과를 준비하였다.

다행이었는지 골프를 시작한 지 얼마 되지 않았는데 골프 지도학과에 1학기 수시로 합격하여 수능도 보지 않고 대학생이 되었다. 그때는 1학기 수시가 있어서 합격하면 수능을 보지 않고 대학교에 입학할 수 있었다. 다른 친구들은 한참 입시 준비로 힘들어할 때 운전면허증도 따고 골프 연습으로 고3을 보냈다.

충남 금산군에 있는 대학교에 입학하여 4년 동안 기숙사 생활, 하숙, 자취 등을 하며 대학 생활을 보냈다. 골프 지도학과 입학 후 매년 프로 테스트에 도전하기를 거의 10년 만에 프로 테스트에 합격하였다. 월급쟁이던 우리 집에서 골프 가르치는 일은 정말 쉽지 않았다. 교사 월급과 회사원 월급으로 매년 해외 전지훈련, 라운딩비, 테스트비 등 생각보다 돈이 많이 들어서 대출도 받고, 외삼촌, 고모 등 친척들에게 지원도 받아 어렵게 프로 테스트에 합격하여 지금은 프로 골퍼로 활동하고 있다. 지금도 큰아들을 남편은 돈벌레라고 한다.

작은아들은 어려서부터 좀 남달랐다. 친구 집에 놀러 가도 또래 친구들은 레고며 장난감을 가지고 노는데 안 보여서 보면 책장 앞에서 책을 읽고 있었다. 초등학생일 때도 손에서 책을 놓지 않고 책 중독자처럼 늘 책을 가지고 다녔다. 그래서인지 초등학교 2학년 때부터 안경을 쓰게 되었다. 한글도 출판사에서 나온 과학 전집을 보며 세 살 반 정도에 스스로 깨쳤고 위인전 등 전집을 사 주면 1권부터 스티커를 붙여 가면서 읽었다. 책을 좋아해서인지 둘째는 공부를 잘했다. 초등학교 때는 수학 경시대회에서 상장을 매년 받아 왔고, 중고등학교 때도 톱(TOP)은 아니었어도 상위 그룹에 속했다.

초등학교 1학년 때 매월 초에 문제집을 사 주면 일주일 만에 다 풀고 다시 사 달라고 했고, 방학 때는 집에서 다음 학기 수학 문제집을 풀고 쉼 없이 책을 읽었다. 5학년 때는 판타지 소설에 빠져서 판타지 소설가가 된다고 글을 썼고, 공부로 집중해야 할 고3 때도 공모전에 도전하기도 했다. 물론 수상하지는 못했다. 공부를 잘했기에 의대나 법대에 가길 원했다. 하지만 아들은 "저는 일하면서 글을 쓸 수 있는 직업을 가질 거예요."라고 말하며 고집을 피워 결국 문과를 선택해서 대학도 인문학부에 가게 되었다. 다행인지 모르지만 그래도 모두 가고 싶어 하는 SKY 대학에 가서 지금은 대기업에 다니고 있다. 작은아들의 바람과 달리 지금 글을 쓰지 않고 있다. 결혼하고 쌍둥이를 낳고 보니 현실에서 벗어날 수 없어서 현실에 충실하며 살고 있다.

큰아들이 골프 프로 테스트에 도전하며 안정적인 직업을 잡지 못하는 가운데 작은아들이 먼저 결혼하게 되었다.

"엄마, 연상 어떠세요." 아들이 조심스럽게 물어왔다.

"엄마는 연상도 괜찮아. 그냥 성격이 너무 강하지 않고 밝은 사람이면 좋겠어."

작은아들은 대학을 졸업하고 바로 취업이 되어 회사 다닌 지 1년 만인 스물일곱 살에 결혼하게 되었다. 고등학교 때까지 본인은 독신주의라고 하던 작은아들이 이렇게 결혼을 빨리할 줄은 몰랐다. 며느리는 무남독녀인데도 성격이 밝고 야무지고 생활력도 강했다. 며느리가 알뜰하게 생활해서인지 결혼하고 2년 만에 작은 아파트이긴 했지만 내 집 마련까지 하게 되었다. 더군다나 집을 사고 임신까지 하게 되어 우리 집은 경사가 겹쳤다.

시험관 아기를 시술받지 않았는데도 쌍둥이가 태어났다. 쌍둥이는 유전이라고 해서 살펴보니 우리 집안에 현재는 쌍둥이가 없지만, 친정어머니 윗세대에 쌍둥이가 있었다는 이야기를 들었다. 쌍둥이는 정말 예뻤다. 둘이라서 기쁨도 두 배였던 것 같다. 아니 그 이상이었다. 이름을 지우와 연우로 지었는데, 한자로 이름을 풀어서 받아 보니 노년 운까지 모든 세대에서 다 좋았다.

쌍둥이 손자가 6개월 될 때부터 주말에 우리 집에 데려와서 2박 3일 동안 돌봐 주었다. 주변 사람들이 일하는 할머니가 주말에 쉬어야지 너무 힘들지 않냐고 했다. 그 당시 나는 초등학교 교장으로 근무하고 있었다. 힘든 것보다는 쌍둥이가 주는 기쁨이 더 크기에 만 7세가 된 지금까지 돌봐 주고 있다. 평일에는 외할머니가 돌봐 주시지만, 며느리가 주말에 일하고 월요일과 화요일에 쉬기 때문에 주말이 더 바쁘다. 주말에 아들 혼자서 쌍둥이를 돌봐야 하는데, 엄마로서 아들이 힘들 것 같고 주말에 좀 쉬게 하고 싶어 시작하게 된 일이다. 물론 가장 큰 이유는 쌍둥이를 옆에 두고 볼 수 있다는 것이다.

작은아들이 금요일 저녁에 쌍둥이를 데리고 우리 집에 오면 며느리는 출근했다가 저녁에 퇴근하면 혼자 집에서 지내며 쉬었다. 나는 좋은 시어머니가 되고 싶어 며느리에게 절대로 잔소리도 하지 않는다. 명절 때도 미리 음식을 준비해 놓고 며느리가 시댁에 와서 전을 부치는 등 스트레스를 안 받게 하려고 노력한다. 명절 설거지도 두 아들에게 하라고 시킨다. 나도 시집살이를 많이 하진 않았지만 '시' 자가 붙으면 마음이 편하지 않아서 딸이 없는 나로서는 며느리를 딸처럼 생각하여 귀하게 대접하고 우리 집에서도 편하게 지내도록 하였다. 며느리가 너무 죄송해하면 이렇게 말한다.

"지금은 내가 할 수 있으니까 미안해하지 말고 내가 나이 들어 힘들면 그때 하렴."

그래도 며느리는 늘 사 갈 것이 없는지 물어보고 뭐라도 하려고 한다. 집에서도 음식을 해 보지 않아 음식 만드는 일은 정말 못하지만 내가 뭐라도 하려고 하면 본인이 하겠다고 해서 그런 모습도 예쁘다.

쌍둥이 손자는 일란성쌍둥이로 1분 차이로 태어났는데 성격도 다르고 식성도 다르고 모든 게 달랐다. 아기일 때는 잘 때도 한 명은 손을 잡아야 자고, 한 명은 발뒤꿈치를 잡아야 잠을 잤다. 요즈음은 오른손을 한 명이, 또 왼손을 한 명이 잡고 잠을 잔다. 두 손이 있어서 참 다행이다.

만 4세에 유치원에 입학하였는데 말이 느려서 언어치료를 받기도 했다. 하지만 지금은 말도 잘하고 세 돌 지나면서 한글도 깨치고 숫자에도 관심이 많아 큰 숫자도 읽는다. 암기력이 좋아 195개 나라 국기와 수도, 위치 등도 다 외운다. 자꾸자꾸 자랑하고 싶다.

우리 집은 작은 어린이집이다. 거실에는 트램펄린과 그네가 있고, 세계지도 퍼즐, 블록, 칠판, 장난감 등 한 방 가득 쌍둥이 손자 집이다. 물론 쌍둥이 침대도 있고 바닥 매트도 사서 쌍둥이 손자가 오기 전에 완벽하게 우리 집 VIP인 손자 맞을 준비를 해 둔다. 범보 침대에 여름에는 모기장을, 겨울에는 온열 텐트를 쳐 주어 아늑한 분위기를 만들어 주었다.

큰아들도 2021년 12월에 7년 연애 끝에 같은 프로 골퍼와 결혼하게 되었다. 사람들이 "유 교장님은 퇴직 전에 숙제를 마쳐서 정말 부럽습니다."라고 말해서 기분이 정말 좋았다.

다행스러운 것은 큰아들이 결혼하고 허니문 베이비가 생겨 2022년 9월 초에 손주가 태어났다. 딸이길 바랐지만, 이번에도 아들이다. 아들도 좋다. 그저 건강하게만 태어나길 기도했다.

요즘 정말 행복하다. 아들 숙제, 손주 숙제까지 마쳤기 때문이다. 이렇게 우리 집에서 쌍둥이 손자 주말 육아가 시작되었다. 요즘 조부모 황혼 육아가 많은데 나도 그 대열에 들어섰다. 이왕 육아하는 것 쌍둥이 손자도 행복하고 우리도 행복하면 좋겠다. 더불어 아들 며느리가 안심하고 아이를 맡길 수 있기를 바란다.

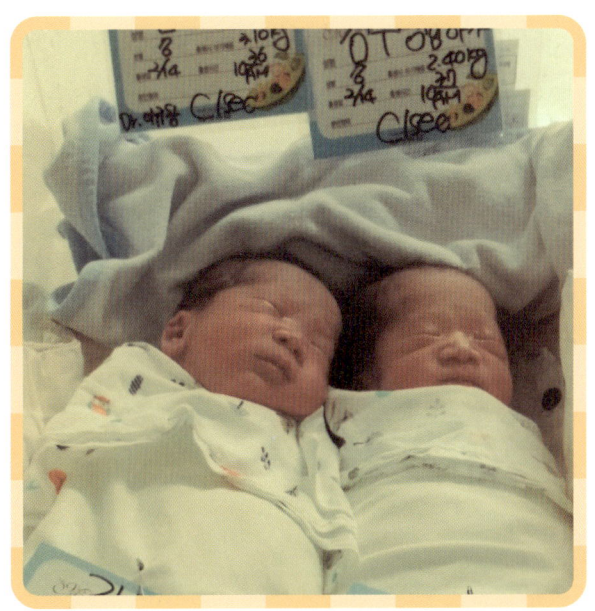

쌍둥이 손자 육아가 시작되었다

쌍둥이 손자가 벌써 만 7세가 지나 초등학교에 입학했다. 쌍둥이 손자가 태어나던 날이 눈앞에 선한데 세월이 참 빠르다. 7년 전 작은 며느리가 쌍둥이 손자를 출산했다. 조리원에 들어가던 날 예기치 않은 일로 아기들과 조리원에서 지내지 못하고 다른 병원에 입원하여 떨어져 지내며 울던 모습이 지금도 눈에 선하다. 그때를 생각하면 내 마음도 아프다.

작은아들은 요즘 결혼 나이를 생각하면 조금 이른 나이인 스물일곱 살에 결혼하였다. 독신주의라고 결혼은 절대 안 한다고 하더니 군대 다녀오고 대학교 졸업하기 전에 여자친구를 데려와서 결혼하겠다고 했다. 대학교 4학년 때 과 대표를 하였다. 학과 행사로 선배인 대학원 누나를 찾아갔다가 누나가 친구를 소개해 주었는데 아마 마음에 들었던 모양이다. 대학교 졸업하자마자 다행인지 취업이 되었고 1년 후에 바로 결혼하였다. 며느리가 연상이라서 결혼을 서두른 듯하다. 요즘 청년들을 3포 세대라고 하는데 돌아보면 일찍 결혼한 아들이 오히려 고맙다.

　결혼하고 2년 후에 며느리가 임신하게 되었는데 두 번째 검진에서 쌍둥이라는 것을 알게 되었다. 양쪽 집안에 쌍둥이가 없어서 양가 가족 모두는 신기해했다. 두 집안의 경사였다. 당연히 아들 며느리를 축하해 주었다. 요즘 결혼도 어렵고 아이 낳는 일은 더 힘들어 출산율이 떨어지는 때에 쌍둥이라는 행운이 넝쿨째 굴러들어 왔다.

　쌍둥이를 임신한 며느리는 여러 가지로 힘들었다. 예정일 전에 날짜를 잡고 수술하여 2018년 2월 14일 밸런타인데이에 일란성 아들 쌍둥이를 출산했다. 설날 연휴가 그다음이라서 혹시 설날 연휴에 진통이 오면 수술하기 어려울 것 같아서 수술 날짜를 설 연휴 이전으로 잡았다. 다행히 1분 먼저 태어난 지우는 3.1kg이었고, 연우도 2.4kg으로 인큐베이터에 둘 다 들어가지 않아도 되었다. 예정일보다 미리 태어난 아기들이어서 걱정을 많이 했는데 정말 감사한 일이었다.

　며느리가 제왕절개로 출산하여 일주일 정도 병원에 입원한 후 조리원에 들어가게 되었다. 병원에서 쌍둥이 손자를 보고 오면 저절로 미소가 지어졌다. 금방 보고 와도 또 보고 싶었다. 조리원에 들어가면 아기를 볼 수 없어서 아쉬웠지만, 며느리가 조리원에서 몸조리 잘하고 쌍둥이 손자도 많이 키워서 건강하게 집으로 돌아오길 기도했다. 한 달 후에나 아기들을 볼 수 있어서 병원에서 마지막으로 쌍둥이 손자를 보고 오는 날 사진을 찍어 와서 매일 들여다보았다.

출산 후 일주일이 지나서 쌍둥이 손자와 며느리는 조리원으로 들어갔다. 조리원에 들어간 다음 날 아들에게서 전화가 왔다.

"집사람이 밤에 호흡 곤란이 와서 앰뷸런스를 타고 대학 병원에 입원했어요."

이게 무슨 일인가 가슴이 철렁 내려앉았다.

며느리가 쌍둥이를 임신하고 심장에 무리가 와서 그렇다고 했다. 조리원에는 며느리 대신 아빠인 작은아들이 들어가고 며느리는 다른 큰 병원에 입원하였다. 걱정이 많이 되었다. 며느리가 좋아하는 들기름 바른 김을 굽고 몇 가지 반찬을 해서 남편과 서둘러 병원에 가 보니 사돈들도 와 계셨다. 여러 개의 수액 줄을 매달은 며느리는 몸이 많이 부어 있었다. 아기 걱정하며 우는 며느리가 보는 내내 애처로웠다. 며느리가 얼른 회복하길 기도했다.

그날부터 아들이 회사에 휴가를 내고 며느리 대신 조리원에 들어가서 쌍둥이 손자를 돌보았다. 대부분 산모가 조리원에 들어가는데 아빠인 작은아들이 산모들 틈에 끼어서 분유 먹이는 것도 배우고 아기 목욕시키는 것도 배웠다. 쌍둥이 손자 영상을 찍어 가족 단톡방에도 올려 주었다. 며느리는 며느리대로, 아들은 아들대로 힘든 날들을 보냈다. 짧은 기간이었지만 조리원에서 기본 육아를 익힌 덕분에 지금도 아들이 며느리보다 육아를 더 잘한다는 생각이 든다.

다행히 며느리는 열흘 정도 입원했다가 몸이 좋아져서 퇴원하게 되었다. 우리는 며느리가 퇴원했으니 조리원에 들어갈 줄 알았는데 규정상 안 되었다. 하는 수 없이 쌍둥이 손자도 조리원에서 나와 집으로 왔다. 조리원에서 한 달만 키우고 나와도 아기 돌보기가 쉬웠을 텐데 쌍둥이인 신생아를 돌보느라 며느리도 사부인도 힘들었을 거다.

아기가 둘이다 보니 며느리와 사부인이 함께 돌보았다. 산후 도우미를 쓰라고 했으나 다른 사람이 집에 있으면 오히려 신경 쓰인다고 사부인이 싫다고 했단다. 그날부터 육아라는 전쟁이 시작되었다. 며느리도 육아가 처음이고 사부인도 아기 키운 것이 오래되어 모든 것이 서툴렀다. 집이 좁다 보니 아기 침대 두 개는 거실에 두고 며느리는 방에서 산후조리를 하게 되었다.

나는 직장에 다니고 있어서 남편과 토요일에만 쌍둥이 손자를 보러 갔다. 쌍둥이 손자는 무럭무럭 잘 자랐다. 쌍둥이다 보니 한 명이 울면 같이 울어서 꼭 두 사람이 돌봐 주어야 했다. 남편과 내가 쌍둥이 손자를 한 명씩 안아 주고 오면 집에 와서도 손자의 따듯한 기운이 남아서 또 보고 싶어졌다.

시간이 흘러 며느리도 몸이 회복되어 출산한 지 5개월이 지나서 회사에 복직하게 되었다. 조금 더 있다가 복직하면 좋았을 텐데 회사 사정상 복직할 수밖에 없는 상황이었다. 그때부터 사부인 혼자서 낮에 쌍둥이를 돌보고 작은아들이 재택근무할 때는 함께 돌보았다. 지금 생각해도 사부인이 정말 힘들었겠다는 생각이 든다.

주중에는 사부인이 쌍둥이 손자를 돌봐 주셨는데 주말에는 쉬셔야 할 것 같아 아들이 쌍둥이 손자를 혼자 돌봐야 했다. 며느리는 직업상 주말에 일

하고 주중에 이틀 쉬기 때문이다. 남편과 내가 주말에 가서 잠시 아기를 돌봐 주었는데 어느 날 아들이 쌍둥이 손자를 데리고 우리 집으로 왔다. 그때부터 매주 주말에 아들이 쌍둥이 손자를 데리고 우리 집에 와서 쌍둥이 손자 주말 육아가 시작되었다.

쌍둥이라 범보 침대도 더블로 사고, 바닥에 깔 매트와 울타리, 보행 보조기며 장난감, 유아 식탁 등 우리 집에 육아용품이 늘어났다. 며느리가 우리 집이 어린이집보다 더 좋다고 할 정도였다.

이렇게 시작된 주말 육아는 초등학교 1학년인 지금까지 이어 오고 있다. 태어날 때 크게 태어난 지우가 지금도 연우보다 키도 크고 몸무게도 더 나간다. 신기한 것은 일란성쌍둥이인데도 성격도 식성도 취향도 다 다르다. 쌍둥이가 이렇게 다르다고 하면 사람들이 참 신기하다고 말한다. 성격이 달라서 각자 놀았는데 지금은 둘이 친구처럼 잘 지낸다. 노는 모습만 보아도 저절로 미소가 지어진다.

쌍둥이 손자가 올해 초등학교에 입학하였다. 이만큼 키우느라 아들도 며느리도 사부인도 고생이 많았다. 예쁘게 자란 쌍둥이를 보며 아기 낳고 심장에 무리가 와서 병원에 누워 있던 며느리가 떠오른다. 며느리도 쌍둥이 손자도 건강하게 잘 지내고 있어 모든 것이 감사한 요즈음이다.

출산은 정말 어렵다. 출산도 어렵지만, 육아는 더 힘들다. 하지만 아이들이 주는 기쁨은 무엇과도 바꿀 수 없다. 그동안 쌍둥이 손자 키우느라 힘들었지만, 쌍둥이가 주는 기쁨도 두 배 이상이라서 쌍둥이 손자를 바라보는 것만으로도 행복하다.

우리 집 보물 1호 쌍둥이 손자가 좋은 꿈 꾸며 하고 싶은 일, 좋아하는 일 하며 행복하게 자라길 바란다.

우리 집 베란다 미니 수영장

쌍둥이 손자가 돌이 되었는데도 아직 걸을 생각을 안 한다. 걸음마 보조기를 잡고 걷긴 하는데 놓으면 걷지 못하고 주저앉았다. 큰아들은 돌 전에 걸었고 작은아들도 돌 지나고 얼마 되지 않아서 걸었는데 조금 걱정이 되었다. 그러다가 15개월 되었을 때 큰손자 지우가 한두 발짝 떼더니 걷기 시작했다. 처음에는 두 손을 들고 넘어질 듯 걷는 모습이 위태로워 보였는데 시간이 지나며 손이 차츰 내려와서 안정적으로 걸었다.

아이들은 기다리면 된다. 부모가 조급해하지 않고 기다려 주면 조금 느려도 때가 되면 다 한다. 아이에 따라서 뒤집기 하는 것도, 기는 것도, 걷는 것도, 말하는 것도 차이가 나지만 나중에 보면 다 잘한다. 쌍둥이 손자 주말 육아하며 깨달은 진리다.

쌍둥이 손자가 걷기 시작하며 여름이 되었다. 남편이 베란다에 미니 수영장을 만들어 준다며 공기를 넣으면 부풀어 물을 넣을 수 있는 커다란 튜브를 샀다. 공기 주입기도 사고 화장실에서 호스로 온수를 넣어야 하기에 긴 호스도 샀다. 물을 빼는 것도 뚝딱 만들었다. 남편 손이 요술 손이다.

우리 집 베란다에는 화분이 많다. 거의 베란다를 다 차지한다. 화분을 옆 베란다로 옮기고 수영장 만들 자리를 마련했다. 미지근한 물을 받아 채우고 수영장에 공과 장난감을 넣어 주고 신나는 음악도 틀어 주었다.

쌍둥이 손자 목에 목 튜브를 끼워 주고 팬티만 입혀서 물에 넣어 주었다. 잘 놀까 걱정했는데 쌍둥이 손자가 물속을 걸어 다니며 공과 장난감을 가지고 놀았다. 평소에 목욕하는 것을 좋아했기에 물을 좋아할 거로 생각했는데 딱 맞았다.

그때부터 주말에 손자가 오면 하루에 한 번 '우리 집 수영장'을 개장했다. 물놀이가 반복되면서 쌍둥이 손자는 가르쳐 주지 않았는데도 누워서 첨벙첨벙 물장구를 치며 잘 놀았다. 그런 모습을 보며 할아버지가 "야간 개장도 해야겠어."라며 더 기뻐했다.

베란다 미니 수영장은 물 채우는데도 시간이 걸리고 물 빼는 데는 시간이 더 걸렸다. 물을 뺀 후에 튜브를 깨끗이 닦아서 베란다 빨래걸이에 널어 말리느라 힘이 들었는데도 할아버지는 즐거운 마음으로 주말마다 미니 수영장을 개장했다.

그해 여름, 이렇게 주말에 집에서만 수영하던 쌍둥이 손자를 데리고 제주도로 가족여행을 떠났다. 내가 회갑이 되어서 기념해 준다며 큰아들과 작은아들이 준비해 준 거다. 그때는 큰아들이 결혼하지 않았었는데 여자 친구가 제주도에서 일하고 있어서 저녁에 만나 같이 식사하며 시간을 보내기로 하였다.

비행기에서 쌍둥이 손자가 울지 않고 잘 갈까 걱정이 되었다. 좌석을 앞자리로 예약해서 손자를 안고 서 있기가 좋았다. 비행기가 이륙할 때는 작은손자는 내가 안고 자리에 앉아 있었고 이륙한 후에 앉았다 일어서기를 반복하며 재웠다. 얼마 지나지 않아서 손자 둘이 모두 잠들어서 비행은 순조로웠다.

제주도에서 예약한 리조트에 짐을 풀고 다 같이 수영장에 갔다. 실내풀과 야외풀이 있어서 먼저 실내풀을 이용했다. 수영장 물이 손자가 놀기에는 조금 깊어서 무서워할까 봐 걱정되었다. 수영복을 입히고 목 튜브를 해 주고 쌍둥이 아빠가 데리고 수영장에 들어갔는데 쌍둥이 손자가 신기하게 발장구를 치며 수영하며 놀아서 모두 깜짝 놀랐다. 쌍둥이 손자가 노는 모습을 보며 안심되어 튜브에 태워서 놀게 하였더니 잘 놀았다.

우리 집 베란다 수영장에서 놀았던 덕에 바로 넓은 수영장에서도 무서워하지 않고 적응할 수 있었다고 생각한다. 그런 쌍둥이 손자가 어찌나 기특하고 예쁜지 자랑스러웠다.

3박 4일 동안의 제주도 가족여행은 손자가 어려서 주로 맛집 투어로 계획했다. 에코랜드, 자동차 박물관, 한림공원 식물원 등 몇 군데는 돌아보았으나 무리하지 않고 여유 있게 다니며 예약한 음식점에서 식사하였다. 손자가 18개월쯤 되었을 때인데 이유식을 가지고 다니며 음식점에 부탁해서 전자레인지에 데워 먹이며 여행을 이어갔다.

어린아이를 데리고 여행하려면 부모가 힘들다. 아이들에게 맞출 수밖에 없다. 제주도는 마음만 먹으면 언제든지 갈 수 있는 곳이라 이번 가족여행은 무리하지 않고 여유 있게 다니며 즐겼다.

쌍둥이 손자와 다녀온 첫 번째 제주도 여행은 즐거운 추억으로 남았다. 머리숱이 적어서 머리카락을 다 밀어 주었었는데 사진을 보면 여름이어서 시원해 보이고 귀여웠다.

우리 집 미니 수영장 덕분이었는지 쌍둥이 손자는 물을 좋아한다. 여름이면 손자들이 어려서 키즈 풀빌라로 휴가를 가는데 이제는 잠수도 하고 다이빙도 하고, 튜브를 가지고 놀며 즐거워하는 모습을 보면 아기 때 우리 집 미니 수영장에서 목 튜브하고 수영하던 손자가 생각난다.

언제 또 쌍둥이 손자와 여행 가게 될지 모르지만, 어린아이들을 데리고 여행하는 일은 쉬운 일은 아니다. 그래도 여행이 즐거운 건 소중한 손자와 함께할 수 있기 때문이다. 손자를 육아하려면 건강해야 한다. 평소에 꾸준한 운동과 균형 잡힌 식사로 건강을 잘 챙겨야겠다.

주말마다 손주 육아하는 할머니

우리 집 보물 1호

우리나라 국보 1호는 숭례문(남대문), 보물 1호는 흥인지문(동대문)이다. 지금은 국보의 번호를 사용하지 않고 국보 서울 숭례문이라고 부른다. 학교 다닐 때 많이 외웠던 것이라 지금까지 잘 기억하고 있다.

"여러분의 보물 1호는 무엇인가요?"

사람마다 보물 1호로 정한 것이 있을 것이다. 누구는 귀중한 물건일 수도 있고, 누구는 사람이나 애완동물일 수도 있다. 아니면 잊지 못할 추억이나 가슴속 깊이 간직하고 있는 기억일 수도 있다. 우리 집 보물 1호는 쌍둥이 손자이다.

요즘 젊은 사람들은 만난 지 100일 기념, 200일 기념 등 기념할 일을 많이 만든다. 서로에 대한 믿음, 사랑 등을 계속 확인시켜 주려는 거로 생각한다.

쌍둥이 손자가 태어났을 때 우린 첫 손자라 정말 기뻤다. 둘이라 기쁨도 두 배였다. 백일을 기념하고 첫돌을 축하하며 쌍둥이 손자의 자람을 함께 응원해 주었다. 남편이 쌍둥이 손자가 태어난 지 1,000일을 기념하자고 했다. 좋은 생각이라서 우린 아들, 며느리 몰래 이벤트를 준비했다. 커다란 현수막을 주문하여 거실에 붙이고 케이크도 준비했다. 선물도 신경 써서 준비하였다. 삼촌이 킥보드를 주문하고 할머니 할아버지는 핸들을 움직여 탈 수 있는 빨간색과 흰색 벤츠 자동차를 샀다. 쌍둥이 손자가 선물 받고 좋아해 줄 거라고 기대하며 1,000일이 되는 날을 기다렸다.

쌍둥이 손자가 태어난 지 1,000일 되는 날 우리 집에서 1,000일 기념 파티를 하였다. 준비한 현수막 앞에 상을 차려 놓고 쌍둥이 손자가 앉을 의자와 고깔모자도 준비해 두었다. 엄마는 회사에 출근하느라 오지 못했고, 아빠와 삼촌인 큰아들과 할머니 할아버지가 1,000일 축하 노래를 불러 주었다. 폭죽도 터뜨려 주며 잔치 분위기를 띄웠다. 드디어 쌍둥이 손자가 촛불을 껐다. 동영상을 찍고 사진을 찍으며 우리는 정말 행복했다.

쌍둥이 손자 1,000일 기념 현수막은 아들네 집 거실에 오랫동안 걸려 있었다. 아들네 집에 갈 때마다 현수막을 보며 쌍둥이 손자 1,000일 기념 잔치해 준 것을 생각하며 흐뭇해했다.

우린 지우, 연우가 건강하고 지혜롭게 자라길 늘 기도한다. 잘 자라서 다른 사람을 배려하고 사회에 기부도 많이 하며 살길 바란다. 아직 유치원생이니까 지금은 유치원 친구들과 싸우지 않고 사이좋게 지내는 것이 우리 가족의 바람이다.

학조부모가 되고 보니 쌍둥이 손자의 유치원 생활도 궁금하다. 참관 수업 일에도 가 보고 싶었다. 내가 극성 할머니가 될까 봐 걱정된다. 가끔 보면 학교에 근무할 때 학부모와 상담할 일이 있을 때 교사였던 친정어머니와 함께 방문하는 분이 계셨다. 그럴 때마다 학교 사정을 잘 아는 어르신의 목소리가 컸다. 말씀도 조리 있게 잘하셨다. 그럴 때마다 나도 이다음에 어르신처럼 행동할 수도 있겠다 싶어 마음속으로 절대로 그러지 말아야지 하고 다짐했었다. 할머니는 뒤에서 조용히 응원만 해 주고 손주 일은 엄마 아빠가 나서서 해결하는 것이 맞는다고 생각한다. 물론 그럴 일이 생기지 않기를 바란다.

요즘 조부모 육아가 다양한 방법으로 이루어지고 있다. 우리처럼 주말에 돌보기도 하고, 외할머니처럼 주중에 돌보기도 한다. 조부모 육아는 손주를 안전하게 돌본다는 장점도 있지만, 엄마 아빠의 육아 방법과의 세대 차에서 오는 갈등도 있을 수 있다. 내 방법이 맞는다고 어느 한쪽이 고집부리지 말고 늘 대화로 최적의 방법을 찾는 것이 중요하다.

가장 중요한 것은 아이들이다. 아이들이 정서적으로 안정감을 찾아 행복하게 지내게 하는 거다. 그렇다고 무턱대고 아이들이 하고 싶은 대로 다 해 주기보다는 엄마 아빠와 일관성 있게 돌보는 것이 중요하다.

손자는 정말 예쁘다. 뭘 해도 예쁘다. 그러기에 손주 육아하는 나도 행복하다.

금요일은 할머니 집 가는 날

　쌍둥이 손자 만 4세 때 이야기다. 우리 집 보물 1호 쌍둥이 손자가 3주 만에 이번 주 주말에 왔다. 그동안 내가 장염에 걸렸었고, 퇴직 연수를 다녀오느라 엄마 좀 쉬라고 아들이 주말에 혼자 쌍둥이를 돌봤다.

"금요일은 할머니 집 가는 날."
　쌍둥이 손자는 우리 집에 오는 걸 좋아했다. 아마 할머니가 편해서 하고 싶은 대로 다 할 수 있어서 그런 게 아닐까 생각한다.
　쌍둥이 손자는 나를 '검단 할머니', 외할머니를 '동양동 할머니'로 부른다. 예전에는 친할머니, 외할머니라는 호칭을 사용했지만 요즘은 대부분 친가, 외가 의미보다는 사는 곳을 넣어서 부른다. 그게 맞는 것 같다. 굳이 아이들에게 친할머니, 외할머니 편 가르기를 할 필요는 없다고 생각한다.
　오랜만에 봐서 그런지 키도 좀 자란 것 같고 말솜씨도 늘었다. 말이 느려 언어치료도 받았지만 요즈음 못 하는 말이 없다. 방에서 할머니를 자꾸 부

른다. 도움을 달라는 신호인데 내가 부엌에서 말이 없자

"할머니, 왜 말 안 하는 거예요?"

라며 대답을 재촉했다. 온종일 이야기하고 질문하며 심심할 틈을 안 준다.

쌍둥이는 1분 차이로 태어난 일란성쌍둥이인데 달라도 너무 다르다. 태어날 때부터 큰손자 지우가 조금 더 컸다. 지금도 키는 2cm 정도, 몸무게는 1.5kg 정도 차이 난다. 이목구비는 비슷하지만, 지우가 첫돌 전에 머리 모양 교정으로 헬멧을 착용했기에 머리 모양이 다르고 지우가 눈이 조금 커서 우린 쉽게 구분한다. 하지만 모르는 사람들은 둘이 똑같다고 말한다.

쌍둥이인데 식성도 다르고 성향도 다르고 노는 것도 다르다. 지우는 일곱 살 전까지는 아예 과일도 안 먹고 오직 밥과 치즈, 우유와 고구마 요플레만 먹었다. 고구마 요플레는 고구마를 에어프라이어에 구워서 으깬 후 플레인 요플레와 섞어서 점심으로 먹이는 우리 집 개발 간식이다. 과자도 아기 때 먹었던 떡뻥과 비슷한 뻥튀기는 먹는데 아이들이 좋아하는 초콜릿, 스낵 등 다른 과자는 안 먹었다. 물론 피자, 케이크 등도 안 먹고 주스 등 청량음료도 안 마신다. 아기였을 때 과일을 주면 안 먹길래 잘 먹이지 않아서 그런 것 같다. 그때 안 먹어도 자꾸 먹도록 도전할 걸 후회된다. 크면 잘 먹어야 할 텐데 편식할까 봐 걱정도 된다. 다행스럽게 작은손자 연우는 바나나를 먹어서 주말마다 바나나를 사 둔다. 쌍둥이 손자가 만 7세가 된 지금은 과일도 먹어 보려고 하고, 초콜릿, 피자 등도 조금씩 먹어서 좀 더 크면 잘 먹

을 거로 생각한다.

우리 집 거실 정면 왼쪽 벽에 십자가가 걸려 있다. 쌍둥이 손자가 사물을 인식할 때쯤 손으로 십자가를 가리키며
"아~"라고 말하면
"십자가! 예수님!" 이렇게 또박또박 알려주었다. 그땐 TV, 소파, 식탁 등 보이는 대로 손으로 가리키며 물어보던 때라 이상하지 않았다. 물론 손으로 가리킬 때마다 반복해서 알려 주었다. 그런데 그 후 두 돌쯤 되었을 때부터인지 조금씩 말을 시작할 때 승용차를 타고 갈 때마다 교회가 보이면 '십자가'를 가리키며 외쳤다. 마을마다 교회가 정말 많았다. 그뿐만 아니라 달력, 책 등에서도 십자가를 용하게 찾아냈다. 그래도 그땐 십자가를 그렇게 좋아할 줄 몰랐다.

요즘 아이들은 어려서부터 핸드폰을 좋아한다. 지하철에서도 식당에서도 핸드폰으로 영상을 보는 아기들을 많이 볼 수 있다. 우리 쌍둥이 손자도 핸드폰을 좋아한다. 연우는 핸드폰을 켜면
"교~회!"
를 먼저 외친다. 음성 검색을 하는 거다. 교회를 찾아 십자가를 보려는 거다. 이전에 음성 검색을 못 할 때는
"할머니, 불 켜진 십자가 찾아 주세요."

"할머니, 불 꺼진 십자가 찾아 주세요."

라고 말하며 온통 교회만 검색하였다. 우리 동네, 쌍둥이네 동네에 있는 교회 이름을 거의 다 알게 되었다. 차를 타고 갈 때 지도에서 보았던 교회가 나오면 그냥 지나치지 못하고 큰 소리로 교회 이름을 외쳤다.

블록 놀이할 때도 연우는 십자가만 만들었다. 혼자 만들기 어려우면 우리한테 십자가 만드는 것을 도와 달라고 부탁했다. 만든 십자가를 침대 위나 거실 장 위에 세워 놓고 이리 보고 저리 보고 정말 좋아했다. 할아버지는 연우가 커서 목사님이 되면 좋겠다고 말했다. 그렇게 되면 좋겠지만 너무 한 가지에 집중하는 것은 좋지 않은 것 같아 걱정되었다.

봄에 영유아 건강검진을 하였는데 조금 염려스러운 결과가 나와서 걱정이 많이 되었다. 연우 자폐성 지수가 평균보다는 낮지만 조금 높다는 거다. 너무 십자가에 집착하는 것이 좋지 않다고 들었다. 관심을 다른 데로 돌리려고 장난감도 주고 놀이터에도 데려가고 핸드폰도 자주 하지 못하게 하지만 연우의 십자가 사랑은 지금도 변함이 없다. 블록으로 만든 십자가를 놓지 못하고 어떤 날은 집에 갈 때 가져가기도 했다.

손가락을 다쳐서 깁스한 적이 있었는데 간호사 선생님이 깁스에 십자가를 그려 주었더니 울던 연우가 뚝 그쳤다고 했다. 물론 책도 좋아하고, 피아노도 좋아하고, 세계지도 퍼즐에도 관심을 가지지만, 아직은 십자가를 많이 좋아해서 지켜보고 있다. 생각 같아서는 오은영 박사님께 상담받아 보고 싶지만 예약해도 2년은 있어야 한다고 들었다.

　오늘도 연우는 블록으로 십자가를 만들고 도화지에 십자가를 그린다. 우리 연우가 세상의 모든 것을 사랑하고 좋아하는 긍정적인 보통의 사랑스러운 아이로 자라기를 바란다.

손자의 민들레 사랑

만 5세가 된 작은손자 연우는 많은 풀 중에서 유독 민들레를 좋아한다. 그다음으로 단풍나무를 좋아한다.

"연우야, 민들레가 왜 좋아?"

"민들레는 예뻐요."

라고 말한다. 길을 걷다가 민들레가 있으면 그냥 지나치지 못했다.

"할머니, 이거 뭐게요?"

"연우가 대답해 봐."

"민들레요."

그냥 보도블록 틈에 있는 꽃도 없는 납작한 민들레도 놓치지 않고 찾아냈다.

손자는 주말에 근린공원에 가는 것을 좋아했다. 공원 인조 잔디 운동장에서 공을 차는 것도 좋아하지만, 공원에 가면 민들레와 단풍나무가 있기 때문이다. 공원에 가면 먼저 단풍나무가 있는 곳으로 뛰어간다. 단풍나무 가지를 하나 잘라 주면 단풍잎이 몇 개 있는지 세어 본다. 한 손에 단풍나무를 들고 민들레가 있는 주차장 옆 햇빛이 잘 드는 풀밭으로 뛰어간다.

풀밭에는 가을인데도 신기하게 민들레꽃이 피어 있었다. 들고 있던 단풍나무는 할머니에게 맡기고 노란 민들레꽃을 하나 딴다. 그리고 다른 손에는 민들레 홀씨를 따서 후~ 불어 본다. 홀씨가 잘 날아가지 않으면 손을 흔들어 날리며 좋아한다. 눈처럼 흩어지는 민들레 홀씨는 내가 보아도 멋지다. 한 손에는 민들레꽃을, 다른 손에는 단풍나무를 우승컵처럼 들고 공원을 한 바퀴 돈다. 돌다가 민들레를 발견하면 앉아서 한참을 보다가 일어선다.

벤치에 앉아서 축구하는 아저씨들을 보다가 민들레가 시들면 다시 내 손을 잡아끌고 민들레가 있는 풀밭으로 간다. 민들레꽃을 하나 따서 양손에 민들레꽃과 단풍나무를 들고 집으로 돌아온다.

"할머니, 왜 가을에도 민들레가 필까요?"

"왜 필까?"

무슨 대답을 할까 궁금해서 되물어 보면

"해님이 따뜻하게 햇빛을 비춰주어서요."

라고 말하며 민들레를 사랑스럽게 쳐다본다.

손자랑 있으면 심심할 틈이 없다. 질문을 어찌나 많이 하는지 할머니도 공부가 필요하다. 기억력이 좋기에 잘못된 지식을 알려 주면 안 된다. 민들레는 영어로 'Dandelion'이라는 것도 손자에게 배웠다. 아마 아빠가 가르쳐 준 모양이다. 'Dandelion'은 프랑스어로 '사자의 이빨'을 뜻하는 'dent de lion'에서 유래했다고 한다.

공원에서 집에 돌아오면 핸드폰으로 민들레를 검색한다. 지난주까지는 음성으로 검색하더니 이번 주부터는 한글로 검색하였다. 쌍둥이 손자는 세 돌이 지나면서부터 한글을 낱말로 읽더니 세 돌 반쯤에 한글을 거의 깨쳤다.

"할머니, ㅁ 다음에 뭐예요?"

"응, ㅣ"

"다음에는요?"

"ㄴ, 다음엔 ㄷ"

"할머니, 민들레 나왔어요."

검색한 다양한 민들레를 보며 나한테도 보여 준다.

그러다 TV에서 유튜브를 검색한다. 핸드폰 검색할 때처럼 한글로 검색하는 것이 재미있나 보다. 민들레 철자를 또 물어보며 검색한다. 유튜브에서는 우효의 잔잔한 〈민들레〉 노래와 진미령의 〈하얀 민들레〉 노래가 검색되었다. 자막을 보며 노래를 흥얼거리며 따라 부른다. 그 모습이 신기하다. 나도 오랜만에 〈하얀 민들레〉 노래를 따라 불러 본다. 손자는 민들레를 정말 좋아한다. 손자가 민들레를 좋아하니 나도 길을 가다가 민들레가 보이면 자꾸 눈길이 간다. 가끔 민들레꽃 사진을 찍어 연우에게 보여 주면 어디서 찍었냐며 좋아한다.

요즈음 민들레는 겨울만 제외하고 봄부터 가을까지 다 핀다. 그리고 보도

블록 틈에서조차 피기 때문에 생존력이 강하다. 손자가 좋아하는 민들레를 오래 볼 수 있어서 나도 좋다. 손자가 행복하면 나는 더 행복하다. 요즘 찬 바람이 불어 날씨가 춥다. 곧 겨울이 올 것 같다. 손자가 좋아하는 민들레꽃은 이제 봄까지 기다려야 볼 수 있을 거다.

연우는 자연에도 관심이 많다. 하늘, 구름, 달, 해님뿐만 아니라 나무 등 식물에도 관심이 많다. 어느 날 밤에

"할머니, 달 떴어요."

라며 달도 제일 먼저 발견하고 아침에는

"해님이 아직 자나 봐요."

라며 해님이 뜨기를 기다린다.

발코니 유리창으로 보이는 잣나무 뾰족한 잎이 조금씩 갈색으로 물들어 떨어지고 있다. 잣나무 아래에 갈색 잣나무 잎이 쌓여 있다. 손자는 잣나무가 소나무인 줄 안다. 솔방울 같은 작은 잣이 열렸다가 떨어지기 때문이다.

"할머니, 소나무도 단풍이 왜 들까요? 잎이 떨어지고 있어요."

"단풍이 왜 들까?"

"가을이라서."

"잣나무도 헌 옷을 벗고 새 옷을 입어야 겨울에도 튼튼하게 자랄 수 있단다."

"아, 그렇구나."

언제 이렇게 커서 똑똑해졌는지 눈에 넣어도 안 아플 손자다. 주말마다 오는 손자가 이제 민들레와 단풍나무 말고 겨울에는 무엇을 좋아하게 될까 궁금하다.

손자를 생각하며 발코니 잣나무를 본다. 오늘은 더 많은 잣나무 잎이 떨어져 바닥에 쌓였다. 어릴 적 외갓집 뒷산에서 소나무 낙엽인 소갈비를 긁어 와서 땔감으로 썼던 국민학교 시절 그때가 떠오른다. 그땐 나도 다섯 살 손자처럼 호기심이 많았겠지.

할머니, 시금치 뱃속에 있는데요

　쌍둥이 손자가 2월에 만 4세가 지나고 가을에 있었던 일이다. 쌍둥이 손자가 3주 만에 금요일 저녁에 우리 집에 왔다. 손자가 오면 가지고 놀거리가 있어야 해서 우리 집에는 손자 물건이 많다. 손자 침대도 있고 트램펄린, 이동식 책상, 자석 칠판, 동화책, 장난감, 블록 등 방 하나가 손자 물건으로 가득 찼다. 수저, 식판, 물컵, 소독고, 유아 변기, 화장실에서 사용하는 계단, 화장실 슬리퍼 등 2박 3일 동안 지내기에 불편하지 않을 정도의 물건들이 다 있다.

　쌍둥이 손자는 아기 때부터 매주 만나다 보니 성장 과정을 다 알기에 더 정이 간다. 뒤집기 하는 것도, 기는 것도, 처음 걸을 때도 다 생각난다. 처음 깡통에 쉬를 할 때도 함께 있었고, 변기에 앉아 응가를 처음 시도하는 것도 우리 집에서 시작하였다. 이유식을 먹이다가 밥으로 바꾸고, 뽀로로 숟가락과 포크를 사고, 빨대 컵이며 식판을 장만하며 정말 기뻤다.

육아는 모든 것이 힘들지만 나는 밥 먹이는 것이 가장 힘들다. 이유식을 먹일 때부터 잘 먹으면 좋은데 밥을 입에 넣고 넘기지 않고 물고 있으면 하염없이 기다려 주며, 밥 먹이는 데 1시간도 더 걸렸다. 어떻게 해서라도 그릇에 있는 밥을 다 먹이려고 노력했다. 밥을 잘 먹은 날은 어찌나 좋은지 아들 며느리에게 오늘은 쌍둥이가 밥을 빨리 먹었다며 자랑까지 하였다. 지금은 많이 커서 밥 먹는 시간이 단축되었다.

손자는 유치원에 다니고 있는데 기억력이 좋다. 유치원에서 학습한 것을 잘 이해하고 기억했다. 어제저녁에 아빠가 약속이 있어서 나가는 바람에 할머니와 잤다. 잘 때는 오른손, 왼손을 하나씩 나누어 잡고 잔다.

잠들기 전에

"할머니, 꼬미도 반려동물이에요?"

라고 지우가 물었다. 꼬미는 외갓집에서 기르는 강아지다.

동화책을 읽다가 구름이 해님 속으로 들어가면

"할머니, 구름이 왜 해님 속으로 들어갈까요?"

"왜 그럴까? 연우가 말해 봐."

"구름이 개구쟁이라서 그래요."

라고 말한다.

왜 이리 귀여운지. 시인인 할머니보다 상상력이 풍부하다.

쌍둥이 손자는 우리 집에 오면

"누구랑 자요?"

"누구랑 밥 먹어요?"

라며 늘 질문을 한다.

일부러

"아빠랑 먹어야지."

라고 말하면 할머니랑 먹는다고 난리다. 할머니를 좋아하는 귀여운 손자들이다.

아빠가 놀이터에도 데리고 가고 집에서 숨바꼭질도 해 주며 잘 놀아 주는데 아빠를 조금 무서워한다. 할머니는 해 달라는 대로 다 해 주니 자기편이라고 생각하는 것 같다. 우리 집에서는 주로 나랑 놀고 밥도 먹여 준다. 내가 안 보이면 방마다 찾으러 다닌다. 할머니를 좋아해 주어 다행이다.

토요일에 아파트 상가에 있는 병원에 가서 손자 독감 예방주사를 맞혔다. 병원 간 김에 나도 맞고 아들도 맞았다. 쌍둥이는 한 번 외출하려면 최소 어른 두 명이 필요하다. 공원이나 놀이터에 갈 때는 나와 할아버지가 함께 가지만, 병원이나 미용실에 갈 때는 아빠가 함께 간다. 오늘도 예방 접종 후에, 미용실에 예약이 되어 있었다.

손자 머리는 아기 때부터 우리 집에 올 때 깎여서 아파트 입구 미용실에 예약하고 갔다. 올봄부터 손자 머리 깎을 때는 아빠가 꼭 함께 갔다. 특히 작은손자는 머리 깎을 때 너무 심하게 울어서 힘들었는데 아빠와 동행하고부터는 얌전하게 잘 앉아 있다. 미용실 원장님이 잘 참는다고 칭찬할 정도다. 머리도 예쁘게 깎고 독감 예방주사도 맞고 오늘은 큰일을 두 가지나 했다.

쌍둥이 손자는 목욕하는 것을 좋아한다. 이발했기에 목욕하면 좋은데 독감 예방주사를 맞아서 그냥 세수하고 손 씻는 걸로 대신했다.

쌍둥이 손자가 좋아하는 고구마 요플레를 먹였다. 조금 놀다가 저녁을 먹이는데 연우가 국에 밥을 말아 달라고 했다. 마침 갈비탕이 있어서 데우고 밥을 말아서 먹였다. 밥 한 숟가락을 먹이고 시금치와 떡갈비를 반찬으로 먹였다. 곧잘 받아먹더니 시금치를 주니까 손자가

"할머니, 시금치 뱃속에 있는데요."

라며 배를 가리키며 시금치를 안 먹었다.

보고 있던 할아버지가 "고놈!" 하며 웃는다. 그 말에 나도 크게 웃었다. 밥은 무사히 다 먹었지만, 그 말이 우리 집 유행어가 되었다.

오늘도 행복 비타민 쌍둥이 손자 덕에 우리 가족은 크게 웃는 날이 되었다. 손자 육아는 늘 조심스럽고 어렵지만, 손자들 덕에 웃는 날이 많다. 오늘도 행복 하나를 더했다.

세 돌에 한글을 뗀 손자

2018년 2월 14일 밸런타인데이에 지우와 연우 쌍둥이 손자가 태어났다. 작은아들이 2015년 2월 7일, 조금 어린 나이인 스물일곱 살에 형보다 먼저 결혼하였다. 2월에는 작은아들 결혼기념일, 쌍둥이 손자 생일, 작은아들 생일 등 기념일이 많다. 대학을 졸업하고 바로 취직하고 1년 만에 결혼을 한 거다. 사돈 댁에서는 사위가 취업하자마자 결혼하여 조금 미안해하셨다. 하지만 요즘 청년들을 3포 세대라고 부르는데 일찍 결혼하는 아들이 오히려 고맙게 여겨졌다. 결혼 후 계획대로 2년 후에 임신하고 쌍둥이 손자가 태어났다. 작은아들은 하나님의 축복 덕분인지 일이 계획대로 잘되었다.

우리 집은 주말이면 작은 어린이집처럼 꾸며졌다. 그 일은 늘 남편이 했다. 며느리는 그런 우리 집을 보며
"아버지, 어린이집보다 더 좋아요."
라고 말했다. 바닥에 매트를 깔고 펜스도 세우고 쌍둥이 침대도 트윈으로

사고 장난감도 준비해 놓았다.

쌍둥이가 첫돌이 지나도 잘 걷지 못해 조금 걱정을 하였는데 15개월 무렵이 되니까 걷게 되었다. 아이는 기다림이 필요한 것 같았다. 쌍둥이는 걸음만 느린 것이 아니라, 말도 많이 늦었다. 하지만 사물 이름을 습득하고 글을 익히는 능력은 탁월했다. 책을 좋아하던 작은아들도 세 돌 지나고 혼자 한글을 깨쳤는데 쌍둥이도 아빠 머리를 닮은 듯하였다.

걷기 시작하면서부터 한글 카드 놀이를 하였다. 처음에는 '바나나', '나비' 등 사물 그림을 보여 주고 물어보면 척척 알아맞혔다. 조금 지난 후에 한글이 쓰여 있는 면을 펼쳐 놓고 물었더니 낱말을 맞추는 것이 아닌가. 정말 신기했다. 쌍둥이와 관련 있는 낱말로 컴퓨터 워드를 활용해서 전지에 한글 벽보 포스터를 몇 개 만들어 우리 집과 쌍둥이네 집에 붙여 놓았다. 내가 '그네', '나비'라고 말하면 손자가 한글 벽보 포스터에 있는 낱말을 짚는 놀이를 반복해서 하였다. 놀이할 때마다 아는 낱말이 늘어났다.

쌍둥이 손자는 그 시기에 유튜브를 조금 보며 '가나다라', '1234', 'ABCD' 등을 발음이 잘 안되면서도 신기하게 잘 따라 했다.

"쌍둥이가 말하는 순간 바로 한글을 떼는 것 아니야?"

라고 우리는 농담 반 기대 반으로 말하였는데 세 돌이 지나고 어느 정도 단어 등을 말하면서 자연스럽게 한글 낱말을 읽는 것이 아닌가? 정말 신기하였다. 쌍둥이 손자를 보면 핸드폰이 무조건 나쁘기만 한 건 아니란 생각이 들었다.

한글 카드와 내가 만들어 준 한글 벽보 포스터도 도움이 되었겠지만, 유튜브로 조금씩 한글 공부한 것도 도움이 되었을 거로 생각한다.

칠판을 사고 숫자 자석, 알파벳 자석, 한글 자석도 샀다. 자석을 칠판에 붙이며 놀이하였는데 숫자에도 관심을 보였다. 밖에 나가면 아파트에 쓰여 있는 동 숫자를 손가락으로 가리키며 큰 소리로 말하여 주위 사람들을 웃게 했다.

쌍둥이 손자가 숫자에도 관심을 보여 숫자 자석을 칠판에 붙이며 숫자 놀이하였고, 숫자 관련 유튜브를 보면서 숫자를 익혔다. 숫자를 영어로도 척척 말했다. 그리고 숫자를 쓸 수 있게 되었다. 때가 되니 저절로 쓰게 되었다. 처음에는 그림처럼 그렸지만, 숫자 쓰는 순서를 가르쳐 주었더니 제법 잘 썼다. 나도 모르는 경까지 이야기하는 손자를 보며 감탄했다.

숫자에 관심을 보이다가 재미 삼아 구구단도 외웠다. 외우는 모습이 정말 귀엽다. 아빠가 칠판에 덧셈, 뺄셈, 곱셈식을 써 주면 손자가 답을 썼다. 머리에 숫자 규칙이 들어 있어 내가 봐도 더하기를 정말 잘했다.

아빠와 놀이하듯 하는 숫자 공부를 보며 기특하기도 하고 지금처럼 앞으로도 공부가 놀이처럼 재미있기를 기대해 보았다.

또래 아이들보다 말이 조금 느려 며느리가 걱정되었는지 언어치료를 받게 하였다. 언어치료는 주 1회 상담 센터에 방문하여 받았다. 큰손자 지우는 6개월 받는 동안 좋아져서 중지하였고, 작은손자 연우는 1년 정도 받았다. 2022년 2월에 네 돌이 지났는데 지금은 못 하는 말이 없고 표현력도 엄청 좋다. 기특한 건 높임말을 쓴다는 거다. 시간이 흐른 탓인지 언어치료 덕분인지 잘 알 수는 없지만, 아이들은 때가 되면 할 건 다 하는 것 같다. 어른이 못 참고 조급해서 그렇지 아이 양육에는 느긋한 기다림이 필요하다.

올해 쌍둥이 손자는 만 4세가 되어 유치원에 들어갔다. 유치원에 보내려면 배변 훈련이 먼저이고, 혼자서 밥을 먹어야 하기에 작년 여름부터 배변 훈련하여 어렵게 성공하였다. 연우가 깡통에다 쉬를 하는 순간 우리 집은 함성이 터졌다. 그날 찍은 동영상을 보면 정말 무슨 큰일이 일어난 것 같다. 큰일은 큰일이다. 그렇게 시키려고 했던 깡통 쉬를 처음 한 거니까. 깡통 쉬는 처음 소변 훈련할 때 깡통에 쪼르르 떨어지는 소리를 듣고 재미있으라고 아들 키울 때 친정엄마가 시도했던 것이라 따라 해 보았다. 무슨 일이든지 처음 한 번이 중요하다. 연우가 깡통에다 쉬를 하는 것을 보고 지우도 곧 따라 하게 되었고 변기에다 소변을 보는 연습도 하게 되었다. 이런 것이 쌍둥이를 키우는 장점 같다. 아직도 완벽하게 잘하진 못하지만 혼자 밥 먹는 것, 옷 올리는 것, 신발 신는 방법 등도 훈련하고 있는데 아직도 서툴다. 그렇지만 혼자서 화장실에 가서 소변도 누고 밥풀을 많이 흘리긴 하지만 혼자 밥을 먹는 손자가 대견하다.

요즘도 주말에 우리 집에 와서 지내는데 아빠가 있으면 혼자 먹는데 할머니만 있으면 밥을 먹여 달라고 한다. 1년만 지나면 혼자 잘할 수 있으리라 기대한다.

"지우 연우, 파이팅! 혼자서도 잘할 수 있을 거야."

가	가방	가위	가지	가수	가슴	가게
나	나무	나비	나팔	바나나	나뭇잎	우리나라
다	다람쥐	다리미	바다	다리	다섯	열다섯
라	라면	고릴라	코알라	라디오	랄랄라	카레라이스
마	마늘	치마	토마토	마스크	엄마	크리스마스
바	바나나	바지	해바라기	바이바이	바이올린	바람
사	사과	사막	사자	사슴	사진	사랑해요
아	아이스크림	병아리	피아노	할아버지	아빠	
자	자전거	모자	의자	자동차	남자	여자
차	소방차	자동차	병원차	유모차	차례차례	아빠차
카	카네이션	카메라	카멜레온	낱말카드	싱싱카	카톡
타	타조	기타	낙타	스타	타요버스	울타리
파	파인애플	양파	크레파스	파리	생일파티	파도
하	하늘	하트	하프	하나둘	하이파이	하나님

오늘, 아빠는 군기 반장

쌍둥이 손자가 거의 만 5세가 되었다. 쌍둥이 손자를 주말 육아한 지도 4년 반 정도 되었다. 요즘도 매주 금요일 저녁에는 별일 없으면 작은아들이 쌍둥이 손자를 데리고 우리 집에 와서 일요일 저녁에 간다. 이번 주도 우리 집에 오기 전에 거실에 매트를 깔아 놓고 플레인 요플레도 미리 주문해 두었다. 매트는 층간 소음을 줄이기 위해서고, 요플레는 점심으로 쌍둥이 손자가 잘 먹는 고구마 요플레를 만들어 주기 위해서다. 손자가 오기 전에 손자에게 먹일 반찬과 바나나를 사다 놓는다. 우리 집 냉장고에는 쌍둥이 손자가 좋아하는 유기농 어린이 치즈도 늘 떨어지지 않게 주문해 둔다. 간식을 잘 먹지 않는 손자가 언제 달라고 할지 몰라서 준비해 두는 거다.

쌍둥이 손자가 오기만 기다리고 있는데 오후 5시경에 아들에게서 전화가 왔다.

"오늘 검단에 못 갈 것 같아요."

라는 아들 말에 혹시 무슨 일이 있는지 순간 긴장하였다.

"쌍둥이가 장모님 말을 안 들어서 오늘 군기 좀 잡아야겠어요."

손자가 다쳤거나 아플까 봐 걱정했는데 그게 아니라서 다행이었다. 쌍둥이 손자가 무슨 잘못을 했을까 궁금해졌다.

쌍둥이 손자는 평일에는 외할머니가 돌봐 주신다. 유치원에 다녀오면 오후 3~4시 정도 되는데 저녁에 아빠가 퇴근할 때인 6시 반 정도까지 돌봐 주신다. 엄마는 쌍둥이를 유치원에 데려다주고 늦게 출근한다. 대신 저녁에 조금 늦게 퇴근하기에 아들이 퇴근하면 외할머니와 교대한다. 외할머니께서 먼 곳에 사시다가 쌍둥이 손자 육아 때문에 아들네 가까운 곳으로 이사를 하였다. 고마운 일이다.

쌍둥이 외할머니는 무남독녀 딸 하나를 키우셨는데 하나도 아닌 두 명의 쌍둥이 손자를 돌보시느라고 많이 힘드실 거다. 나는 아들 둘을 키웠고, 학교에서도 개구쟁이를 많이 보았기에 면역력이 어느 정도 있지만, 외할머니는 매우 힘드실 거다. 그래서 늘 감사하다.

아마 장모님의 수고를 아는 아들이 죄송해서 이 기회에 쌍둥이 군기를 잡으려는 것으로 생각했다.

"쌍둥이에게 외할머니 말 안 들으면 금요일에 할머니네 못 간다고 가르치려고요."

쌍둥이 손자는 우리 집에 오는 걸 좋아하니 이 기회에 잘못한 것을 알게 하면 좋을 것 같아 그렇게 하라고 했다. 오늘 아빠가 어떻게 군기를 잡을지 궁금하다.

쌍둥이 손자는 곧 만 5세가 된다. 한참 말을 안 들을 때다. 거기다 자아가 강해서 하고 싶은 대로 하려고 한다. 이제 조곤조곤 일러 주면 알아들을 수 있는 나이라 아빠가 잘 가르칠 거라고 믿는다.

남편이 저녁 먹다가 쌍둥이가 어떻게 하고 있을지 궁금하다며 전화를 걸어서 영상 통화를 해 보았다. 첫째는 가만히 있는데 둘째 연우가

"할머니 집에 가고 싶어요."

라고 말하며 더 크게 운다. 우는 모습을 보니 왠지 애처롭게 느껴져서

"연우야, 이제 동양동 할머니 말씀 잘 들으면 할머니 집에 올 수 있어. 말 잘 들을 거지?"

라고 했더니, 그 소리에 더 서럽게 운다. 오늘 TV도 핸드폰도 사용 금지라고 했다.

사실은 지우는 잘못이 없고 연우가 외할머니 말을 안 들었다고 했다.

저녁 식사를 마치고 정리까지 끝내고 TV를 시청하고 있는데 카톡 소리가 났다. 아들이 보낸 영상을 클릭하니

"할머니, 잘못했어요. 말 잘 들을게요."

라고 연우가 말하고, 지우도

"할머니, 잘못했어요. 연우가 말 안 들으면 내가 말려 줄게요."

라고 말했다.

동영상을 외할머니께 보내 드렸다며 내일 아침 먹고 쌍둥이 손자를 데리고 온다고 했다. 쌍둥이가 제일 무서워하는 사람은 아빠다. 우리 집에 오면 하고 싶은 대로 해야 하는데 아빠가 거실에 있으면

"아빠, 방에 들어가세요."

라고 말하며 아빠를 가라고 말한다.

집에 무서운 사람이 한 명은 있어야 한다. 특히 아들에게는 더 그렇다. 우리 집도 아들 둘 키울 때 엄마는 천사 엄마, 아빠는 무서운 호랑이 아빠였다. 물론 아빠가 평소에는 잘 놀아 주지만, 화나면 무서운 사람이 되어 군기를 잡았다. 쌍둥이 아빠도 아이들과 정말 잘 놀아 준다. 놀이터에도 함께 가고 키즈 카페에도 데려가고 플레이 스테이션으로 게임도 함께하며 늘 재미있게 놀아 준다. 그래도 집에서 가장 무서운 사람이 아빠다. 작은아들도 쌍둥이 손자 어릴 때는 쌍둥이 엄마가 군기를 잡고 본인은 허허하고 좋은 아빠가 되고 싶었다고 한다. 그런데 그게 안 되어 본인이 군기 반장이 되기로 했단다.

조부모 육아의 단점 중 하나가 할머니가 많이 허용적이라는 거다. 거기다 부모 육아와 일관성이 없는 것도 문제다. 오늘 일로 나도 아들네 집에서처럼 안 되는 일은 안 된다고 가르쳐야겠다고 생각했다.

내일 쌍둥이 손자가 군기가 잡혀서 올지 궁금하다. 그런데 쌍둥이 손자가 오늘따라 왜 이리 보고 싶을까. 귀여운 녀석들 오늘 밤 잘 자겠지.

연우는 태희가 좋대요

"엄마, 연우가 김태희 좋아해요."
우리 집 만 5세 손자 연우가 김태희를 좋아한다고 작은아들이 말했다.
"정말? 연우가 김태희를 어떻게 알아."
라고 말하며 궁금해서 아들이 빨리 말해 주길 기다렸다.

쌍둥이 손자는 어린이집에 2년 정도 다니다 만 4세부터 유치원에 다녔다. 초등학교 저학년에서도 쌍둥이는 거의 같은 반에 배치하기에 유치원에 입학할 때 같은 반으로 해 달라고 부탁드렸다. 유치원에 입학할 때는 같은 반이었는데 중간에 분반하였다. 유치원 선생님께서 그렇게 하는 것이 교육적으로 좋겠다고 하셔서 제안을 받아들였다. 이유는 큰손자 지우가 작은손자 연우가 공부 시간에 돌아다니면 연우에게 신경 쓰느라 수업에 집중하지 못하기 때문이다.

연우는 자유로운 영혼이었다. 하고 싶은 대로 다 하려고 했다. 공부 시간에도 좋아하는 놀잇감이 있으면 거기서 놀았다. 지우가 걱정되어 동생을 챙기는 모양이다. 그건 기특하다. 1분 형이긴 하지만 형은 역시 형인가 보다. 걱정이 조금 되었지만, 다행스럽게 연우도 만 5세가 되면서 수업 시간에 얌전하게 앉아서 선생님 말씀도 잘 듣는다고 했다. 나이 한 살이 큰 것 같다. 엄마 아빠가 유치원 학부모 참관 수업을 다녀왔는데 연우가 선생님께 집중하는 모습을 보며 안심이 되었다고 했다.

연우는 내가 머리를 묶거나 머리핀을 꽂으면 좋아했다.
"할머니, 왜 머리끈 안 해요?"
"할머니, 머리끈 할까?"
"네! 머리끈 하면 좋겠어요."
라고 큰 소리로 대답한다.

유치원에 김태희라는 여자아이가 있다. 우리 연우가 좋아하는 친구다.
"연우야, 유치원에서 누가 좋아?"
"김태희가 좋아요."
"김태희가 왜 좋은데?"
"머리끈 해서 예뻐요."

아무래도 연우는 머리를 예쁘게 하고 온 여자아이를 좋아하는 것 같다. 며느리 말에 의하면 유치원에서 연우가 김태희를 좋아한다고 했다. 어느 날 유치원 선생님께서 전화하셨는데 연우가 태희를 귀찮게 한다는 전화였다. 태희 머리를 자꾸 만진다고 태희 어머니께서 전화하셨던 모양이다. 며느리가 연우에게 태희 머리 왜 만지냐고 물어보니

"태희 머리에 있는 방울이 예뻐서 만졌어요."

"안 돼! 친구 머리 만지면 친구가 싫어해. 친구 머리 안 만질 거지?"

라고 엄마가 주의 주었지만, 태희가 예쁜 머리끈을 하고 오면 연우가 살짝 만져 본단다. 선생님께서 만지지 않도록 이야기하면 그다음에는 안 만진다고 하니 다행이다. 집에서도 연우에게 태희 머리 만지지 말라고 자주 이야기해 주지만 걱정이 되었다. 요즘 다른 친구의 몸을 만지는 것은 예민한 문제라 신경이 많이 쓰였다. 아직 어리니까 반복해서 교육시키는 방법밖에 없었다.

쌍둥이 손자가 우리 집에 올 때 가끔 고무줄로 앞머리를 묶고 올 때가 있다. 머리가 조금 길었을 때다. 귀엽다. 나도 우리 아들 어렸을 때 머리를 묶어 준 적이 있어서 며느리 마음을 잘 안다. 아들만 둘이다 보니 여자아이처럼 머리를 묶어 주고 싶을 때가 있다. 쌍둥이 손자는 고무줄로 머리 묶는 것을 좋아했다. 고무줄이 풀어지면 가지고 와서 묶어 달라고 했다.

우리 집은 아들만 둘이다. 아이들 어렸을 때 옷 가게에 걸려 있는 원피스를 보면 사고 싶었다. 하지만 입힐 수 있는 딸이 없어서 쳐다보기만 하였다. 나중에는 남동생 둘이 모두 딸을 낳아서 고모인 내가 원피스를 사서 조카에

게 입혔다. 쌍둥이 엄마도 내 마음과 같을 것이다. 작은아들은 초등학교 저학년까지 약간 중성 느낌의 옷차림을 해 주었다. 늘 모자를 옷과 맞추어 씌었다. 멜빵바지에 예쁜 티셔츠를 입혔다. 작은아들 별명이 '캡 보이'가 되었다. 학교에 갈 때 늘 모자를 쓰고 갔고, 외출할 때도 모자를 썼다. 습관이 참 무섭다. 결국 캡 보이는 교복을 입어야 하는 중학교에 입학하면서 모자를 벗었다.

퇴직하고 이웃 학교에 1년 동안 기간제 교사로 나갔다. 2학년 담임이었는데 우리 반에 키가 큰 남학생이 있었다. 국어 시간에 친구에게 편지 쓰기를 했는데 우리 반에서 제일 작은 여학생에게 편지를 썼다. 키는 작지만, 줄넘기도 잘하고 참 야무진 친구였다. 남학생에게 살짝 물어보았더니 같은 유치원에 다녔단다. 그러며 좋아한다고 수줍게 말했다.

좋아하는 감정은 어려도 자연스럽게 생기나 보다. 우리 연우도 머리핀 때문인지는 몰라도 태희가 좋다고 말했다. 이름이 탤런트 김태희와 똑같아서 처음 작은아들이 김태희를 좋아한다고 해서 깜짝 놀랐다.

귀여운 연우가 그 감정이 언제까지 갈까 궁금하다. 다른 사람을 좋아한다는 것은 좋은 일이라고 생각한다.

'쌍둥이 손자가 벌써 여자 친구를 좋아하면 엄마가 많이 서운해할 텐데…….'

신사 머리로 깎아 주세요

쌍둥이 손자가 만 5세가 되었다. 쌍둥이 손자는 태어날 때 머리카락이 정말 없었다. 몇 달 지났는데도 머리카락이 많이 나지 않았고 앞머리 부분만 쭈뼛하게 머리가 자랐다. 며느리가 머리카락이 너무 적어서 걱정하길래

"쌍둥이 아빠도 아기 때는 머리카락이 적었는데 지금 숱이 많잖아. 크면 괜찮아질 거야."

라고 말하며 안심시켜 주었다.

작은아들 아기 때 사진을 보면 머리숱이 정말 적었다. 손자를 돌봐 주시던 친정엄마가 아기 머리를 빡빡 몇 번 밀어 주면 머리숱이 많이 난다고 말씀하셨다. 그 말씀을 듣고 두 번 정도 머리를 밀어 주었다.

자라면서 신기하게 머리숱이 많아졌다. 유치원 가고 초등학교에 입학할 때도 머리숱 때문에 걱정하는 일은 없었다. 물론 지금도 쌍둥이 아빠 작은아들은 머리숱이 정말 많다.

쌍둥이 손자가 돌 지날 때쯤 아파트 상가에 있는 미용실에 머리를 밀러 갔었다. 물론 아들 며느리에게 허락받고 한 일이다. 나랑 할아버지가 데리고 갔는데 할아버지는 미용실 밖에서 큰손자를 쌍둥이 유모차에 태워서 상가를 빙빙 돌았고, 작은손자는 먼저 머리 깎을 준비를 하였다.

작은손자는 겁이 많아서인지 머리 깎는 내내 울어서 내가 가운을 입고 안아서 깎였다. 깎는 내내 울어서 정말 힘들게 머리를 깎았다. 큰손자도 안아서 깎았는데 작은손자보다는 덜 울어서 무사히 깎았다. 쌍둥이 손자 이발하고 나니 힘이 다 빠졌다. 이발하고 보니 둘 다 머리 모양이 예뻐서 빡빡 깎은 머리가 정말 예뻤다. 조금 안심이 되었다.

이렇게 시작된 쌍둥이 손자 머리는 늘 우리 집에 올 때 깎였다. 주말마다 우리 집에 왔기 때문에 어쩌다 보니 그렇게 되었다. 두 번째로 한 번 더 밀어 주었더니 머리카락이 자라면서 머리숱도 조금씩 많아졌다. 다행이었다.

하지만 쌍둥이 손자는 머리 깎는 것을 무서워했다. 미용실 가까이 가면 울며 미용실에 들어가지 않으려고 했다. 머리 깎을 때마다 전쟁이 따로 없었다. 큰손자는 유튜브를 틀어 주면 그런대로 잘 앉아 있었지만, 작은손자는 이발할 때마다 힘을 주고 울어서 머리 깎는 원장님도 힘들고 잡아 주는 나도 힘들었다. 머리하러 오신 손님들에게도 폐 끼치는 것 같아서 죄송했다.

쌍둥이 손자 이발할 때마다 나와 할아버지가 함께 갔었는데 다른 방법을 찾아야지 쌍둥이도 힘들고 나도 무척 힘들었다. 그렇다고 안 깎일 수도 없어서 방법을 바꾸기로 했다. 미용실을 다른 곳으로 바꾸고 쌍둥이 아빠와 함께 가 보자고 했다. 쌍둥이 손자가 아빠는 조금 무서워하니 가만히 잘 앉아 있으리란 기대를 하였다.

다행히 새로 옮긴 미용실에서는 작은손자가 처음에 조금 울긴 했지만, 의자에 혼자 앉고 아빠가 움직이지 않도록 잡아 주며 그런대로 이발을 잘했다. 원장 선생님도 이 정도면 잘 참는 거라고 했다. 진작에 이렇게 할 걸 후회가 되었다. 이발할 때 그렇게 울고 떼쓰던 쌍둥이 손자가 아빠가 있으니 갑자기 철이 든 것 같았다.

지난주에 우리 집에 오기 전에 작은아들이 미용실에 예약해 달라고 해서 토요일 오후 4시로 예약하였다. 우리 집에 올 때 머리가 길어 앞머리를 고무줄로 묶고 왔다. 겨울이라 조금 길어도 괜찮을 것 같아 11월 말에 자르고 안 잘랐더니 머리가 많이 길었다. 엄마가 가끔 앞머리를 묶어 주는데 나름 귀엽다.

"연우야, 준우는 아기인데 머리 깎을 때 안 울었대."

"할머니, 연우도 미용실 안 무서워요."

"맞아. 미용실은 안 무서운 곳이야."

준우는 한 살인 사촌 동생이다. 준우에게 지기 싫은 모양이다. 비교하면 안 되는데 머리 깎을 때 무서워하지 말라는 마음에 오늘 한 번만 준우 일을 말하기로 했다. 사실 지난주에 큰며느리가 한 살인 준우 이발하는 영상을 보내왔는데 하나도 울지 않고 잘 깎는 준우를 보며 남편과 나는 무척 신기해서 영상을 여러 번 보며 흐뭇해했었다.

쌍둥이 손자는 아빠 손잡고 미용실에 갔다.
"오늘 누가 먼저 깎을까?"
서로 나중에 깎겠다고 해서 가위바위보를 하였다.
"지우가 졌으니 지우 먼저 깎자."
요즈음 순서를 정할 때 가위바위보로 정할 때가 많다. 가위바위보로 정하면 대부분 그대로 따른다.
"지우야, 머리 어떻게 깎아 줄까?"
"신사 머리로 깎아 주세요."
신사 머리가 어떤 스타일인지 알고 그러는 것 같진 않았고 누군가에게 들은 것 같았다.

오늘은 평소보다 조금 짧게 자르기로 했다. 앞머리는 다른 때처럼 동그랗게 바가지 머리로 자르고 뒷머리는 조금 올려 지난번보다는 짧게 잘라 달라고 했다. 큰손자 지우가 오늘도 의젓하게 앉아 있어서 빨리 끝났다. 작은손자 연우도 다른 때에 비해선 잘 참았다. 많이 움직이지 않으니 머리도 예쁘게 깎인 것 같다.
"우와! 지우 연우 머리 깎으니 멋지네. 엄마가 예쁘다고 하겠다."

한 살의 힘이 크다. 한 살 더 먹었다고 의젓해졌다.

쌍둥이 손자 이발하는 것이 세상에서 가장 어려운 일이었는데 오늘처럼 한다면 앞으로 아빠가 안 와도 될 것 같았다.

이발하고 집에 와서 샤워한 후 저녁도 맛있게 먹었다. 오늘은 쌍둥이 손자가 즐겁게 이발해서 할머니 마음이 정말 기쁘다. 쌍둥이 손자가 한 살 더 먹고 키도 자라고 마음도 자란 것 같아서 할머니는 정말 행복하다.

쌍둥이 손자 생일 선물

쌍둥이 손자가 만 5세 생일이 되었다. 쌍둥이 손자는 2월 14일 밸런타인데이가 생일이다. 초콜릿을 주고받으며 사랑과 우정을 나누는 날이다. 그래서 더 의미가 있다. 주말에 쌍둥이 손자가 오기 때문에 쌍둥이 생일 파티를 해 주려고 한다. 케이크는 필수다. 쌍둥이는 케이크 촛불 끄는 것은 좋아하지만 케이크를 안 먹는다. 억지로 조금 먹여 보려고 해도 안 먹는다고 도망간다.

며칠 전에 지우가 초콜릿이 들어 있는 과자를 한 입 베어 먹는 영상을 보내왔다. 이번에 혹시 먹을지도 모르니 초콜릿 케이크를 준비해야겠다. 다른 집은 과자와 음료수를 안 먹이려고 하는데 우린 어떻게든 과자를 먹여 보려고 애쓴다. 간식을 잘 안 먹기 때문이다. 유치원에서도 간식을 잘 안 먹는다고 했다. 그래도 요즘 쌍둥이가 꼬깔콘과 건빵은 조금 먹어서 주말에 혹시나 먹을까 싶어 사다 놓았다.

남편과 이번 쌍둥이 손자 생일 선물을 무엇으로 사 줄까 계속 고민하였다. 할아버지는 이제 여섯 살(만 5세)이 되었으니 보조 바퀴 달린 두발자전거를 사 주고 싶다고 말했다. 벌써 지난주에 자전거 가게에 가서 보고 왔다.

"그냥 아무거나 사지 말고 지우 연우 오면 데리고 가서 쌍둥이 아빠랑 함께 보고 사요."

미리 준비하지 말라고 신신당부했다. 안 그러면 성질 급한 할아버지가 덜컥 사서 배달하기 때문이다.

매년 생일과 어린이날에는 백화점에 가서 쌍둥이 손자 옷을 사 주었다. 디자인도 예쁘고 운동복처럼 활동하기 편한 옷을 사 주려고 여러 매장을 돌며 비교하여 신중하게 골랐다.

올해 생일에도 옷을 사 주고 싶었다. 서울에서 43년 지기 친구들을 만나고 오는 길에 중간에 남편을 만나서 백화점에 갔다. 백화점은 정말 오랜만에 갔다. 퇴직하고 처음 간 것 같다. 아동복매장은 3층이라 바로 3층으로 올라갔다. 몇 군데 매장을 둘러보고 마음에 드는 옷을 찾았다.

오전에 서울 나오며 며느리에게 쌍둥이 손자 옷 치수를 카톡으로 물어보았다. 며느리가 120이 좋다고 하며

"운동복이 좋을 것 같아요."

라고 덧붙였다. 남자아이들이고 활동적이라서 내 생각도 같다. 그저 아이들 클 때는 편한 옷이 최고다.

쌍둥이라 옷은 꼭 두 벌 사야 했다. 어떤 때는 똑같은 것을 두 벌 사기도 하고 때론 디자인은 같지만, 색상이 다른 걸로 샀다. 이번에는 디자인은 같은데 색상이 다른 운동복 종류로 두 벌 샀다. 그리고 조금 아쉬워서 2월과 3월에 운동복 위에 입으면 좋은 점퍼도 샀다. 혹시 색상이나 크기가 안 맞으면 며느리가 교환할 수 있도록 포장했다. 백화점에서 옷을 사면 다른 백화점에서도 교환할 수 있다.

손자 옷을 살 때마다 기분이 좋다. 내가 사 준 옷을 입고 유치원이나 키즈 카페에 가면 행복하다. 내가 그동안 사 준 옷을 며느리도 대부분 마음에 들어 했다. 오늘 산 옷도 마음에 들었으면 좋겠다. 남편이 쌍둥이 옷이 든 쇼핑백을 들고 걸으며 나보다 더 신났다. 우린 손자에게 무엇이든 아낌없이 주고 싶어 한다.

나는 쇼핑하는 것을 좋아했다. 심지어 아이쇼핑도 좋아했다. 그러나 요즘 쇼핑을 자제한다. 퇴직하고 절약해야 한다는 생각이 그렇게 만들었다. 사고 싶은 것도 별로 없다. 나이 드니 옷에도 다른 물건에도 욕심이 없어졌다. 특별하게 살 것 없이 백화점을 순회하기엔 시간도 아깝고 체력이 부족하다. 쌍둥이 옷만 사고 바로 지하철을 타러 내려갔다.

이제 토요일에 쌍둥이 손자 데리고 자전거 가게에 가면 생일 선물은 다 준비된다. 다녀오며 케이크도 사 오려고 한다. 오늘 저녁에 올 쌍둥이 손자가 기다려진다.

"할머니, 지우 연우 왔어요."

하고 문을 열고 들어올 쌍둥이를 설레는 마음으로 기다려 본다.

"지우 연우, 다섯 번째 생일 축하해. 올해도 아프지 말고 건강하고 행복하게 잘 지내렴."

일주일 핸드폰 금지

쌍둥이 손자 만 5세 때의 일이다. 쌍둥이 손자가 2주 만에 집에 온다. 오기 전에 아들에게서 전화가 왔다.

"연우가 오늘 유치원 끝나고 집에 왔는데 열이 많이 나서 해열제를 먹였어요."

유치원 원아 중 독감에 걸린 친구와 수족구병에 걸린 친구가 있었다. 아이들은 어린이집과 유치원에 가는 순간부터 늘 감기로 고생한다. 어린아이들이 좁은 공간에서 늘 붙어서 생활하니 한 명만 감기에 걸려도 전염될 수밖에 없는 환경이다. 어린이집과 유치원에 아이를 보낸 부모님께서는 공감하실 거다.

현관문 열리는 소리가 들린다. 지우가 큰 소리로

"할머니, 지우 연우 왔어요."

하며 들어왔다. 부엌에서 일하다 말고 뛰어나가 안아 주었다. 손자는 왜 이리 예쁜지 모르겠다. 점퍼와 양말을 벗겨 주니 오자마자 핸드폰을 찾는다.

주차하고 들어온 아빠가

"지우 연우, 일주일 핸드폰 금지잖아."

라는 아빠 말에 핸드폰을 내려놓았다.

집에서 일주일에 한 번 한글 나라를 하고 있다. 이번 주에 선생님께서 오셔서 공부하고 있는데 연우가 재미없어서 안 한다고 공부하다가 방에서 나왔다고 했다. 외할머니께서 퇴근한 쌍둥이 아빠에게

"지우 연우, 아무래도 이번 주에 핸드폰 금지해야겠어."

라고 말씀하셔서 핸드폰 사용을 금지하게 되었다. 핸드폰 금지는 다음 주 수요일까지다.

쌍둥이 손자도 요즘 아이들처럼 핸드폰을 좋아한다. 핸드폰으로 카카오 지도나 네이버 지도에서 세계 여러 나라를 찾아보거나 주변에 있는 아파트를 찾아본다. 주로 음성 검색으로 찾는다. 다음으로는 내 핸드폰에 저장되어 있는 갤러리의 사진과 동영상을 보는 것도 좋아한다. 유튜브를 보는 것도 아닌데 길 찾기 앱이 왜 재미있는지 모르겠다. 아파트나 공원에 가면 현 위치를 본다며 핸드폰을 들고 걷기도 한다. 현 위치가 바뀌는 것을 보며 재미있어한다. 쌍둥이 핸드폰은 우리가 핸드폰을 바꾸면서 쓰지 않는 핸드폰을 주고 가끔 하게 하였다.

주말에 쌍둥이 손자가 오면 아빠도 함께 지내는데 이번 주는 토요일에 아빠가 외국으로 출장을 가기 때문에 손자만 데려다주고 돌아갔다. 아빠가 가자마자 지우가

"할머니, 핸드폰 해도 돼요?"

라고 말했다.

잠깐 고민이 되었지만

"할머니 말 잘 들으면 조금 할 수 있어."

마음이 약한 할머니는 이렇게 말했다. 아빠도 할머니 집에 있는 2박 3일 동안 핸드폰을 할 거로 생각했을 거다.

연우가 열이 많이 났다. 39.2도까지 올라가서 해열제를 먹이고 재웠다. 체온이 너무 높아서 걱정되었다. 물수건으로 얼굴을 닦아 주었다. 다행히 지우는 열이 없었다. 밤새 열이 내려가길 기대하며 옆에서 같이 잤다.

쌍둥이 손자가 좋아하는 주먹밥을 만들어 아침으로 먹이고 아파트 상가에 있는 내과에 갔다. 상가에 소아 청소년과도 있었는데 얼마 전에 병원 문을 닫아서 내과에 갔다. 토요일인데도 대기하는 환자가 꽤 많았다. 순서가 되어서 진료실에 들어갔는데 연우 체온을 재어 보더니 의사 선생님께서 걱정하시며 열이 많아서 코로나 검사를 해 봐야 한다고 말씀하셨다.

연우는 병원 가는 것도 싫어하지만 코로나 검사는 더 무서워한다. 기다리며 울기 시작했다. 검사하고 나온 연우를 꼭 안아 주었다. 작년 12월 말에

유치원에서 전염되어 확진된 적이 있어서 괜찮을 거로 생각하면서도 기다리는 10여 분이 지옥이었다.

다행히 코로나 확진은 아니었다. 진료실에 들어갔더니 의사 선생님께서 목이 부었다고 하셔서 약 처방을 받았다. 두 번 하기 힘드니까 코로나를 한 번에 정확하게 확인할 수 있는 검사를 하였다고 하더니 검사비가 꽤 많이 나왔다. 그래도 확진이 아닌 게 다행이었다. 연우는 추가로 해열제 처방까지 받아서 집에 왔다.

점심으로 지우는 사리곰탕면을 끓여 달라고 해서 할아버지가 끓여 주었다. 많이 달라고 했다. 다행히 지우는 열이 높지 않고 컨디션도 좋고 밥도 잘 먹었다. 병원 다녀와서 약을 먹고 연우는 점심도 안 먹고 잠이 들었다. 잠에서 깨어난 연우가 바나나를 달라고 해서 주었더니 입이 따갑다고 했다. 목이 부은 모양이다. 바나나를 잘라 접시에 담아서 포크로 먹여 주었는데 겨우 달래서 반 개 정도 먹었다.

약을 먹고 열은 많이 내렸다. 아빠가 없기에 틈틈이 금지한 핸드폰도 하고 퍼즐도 맞추고 트램펄린도 하며 놀았다. 집에만 있으니 답답하다고 해서 밖에 나가 아파트를 한 바퀴 돌며 아파트 동 호수도 차례대로 확인하였다. 손자 덕에 나도 이사 온 지 23년 만에 동 위치를 제대로 알게 되었다. 쌍둥이 손자는 2박 3일 동안 있다가 일요일 저녁에 집에 데려다주었다.

아이가 아프면 마음이 아프다. 대신 아파 줄 수 있으면 그렇게 하고 싶다.
'개구쟁이라도 좋다. 튼튼하게만 자라다오.'
라는 말이 실감 되었다.

일주일 핸드폰 금지는 쌍둥이가 아픈 바람에 지키지 못했다. 할머니는 손자 편이라 아빠 없을 때 시켜 줄 수밖에 없었다. 더군다나 손자가 아프니 마음이 약해지는 건 자연스러운 일이라고 생각한다. 약속은 지켜야 다음에 똑같은 잘못을 하지 않겠지만 아픈 손자 편을 들어줄 수밖에 없었다. 할머니가 손자 교육을 다 망치는 것 아닌지 걱정이 되지만 손자는 할머니가 자기 편이란 걸 우리 집에 올 때부터 알고 있었으리라.

조부모 육아는 장점도 있지만 단점도 있다. 조부모 육아의 장점은 안전하다는 거다. 내 손주이기에 맛있는 것 먹이고, 다칠까 봐 늘 따라다니며 보살피고, 손주 편이라 아이들이 하고 싶은 것을 마음껏 하며 놀기에 스트레스가 덜 생긴다. 즉 아이들이 정서적으로 안정될 수 있다.

그뿐만 아니라 다른 사람에게 아이를 맡기는 것보다 경제적으로도 도움이 되고, 긴급 상황 대응에도 대처할 수 있어 갑작스러운 부모의 일정 변화나 아이가 아플 때, 조부모가 있으면 훨씬 유연하게 대처할 수 있다.

그렇다고 조부모 육아가 다 좋은 건 아니다. 육아에는 일관성이 있어야 하는데 엄마 아빠는 안 된다고 한 것을 할머니는 허락하는 경우가 많다. 그러다 보니 훈육 방식에서 아이들도 혼란이 올 수 있고 버릇도 나빠질 수 있다.

조부모 육아 방식과 엄마 아빠의 육아 방식의 세대 차이로 갈등이 올 수 있고, 조부모의 건강 문제로 인해 어려움이 올 수도 있다. 조부모 육아의 장점은 살리고 단점은 대화를 통해 개선하며 서로 고집부리지 말고 지혜롭게 손주 육아에 임해야겠다.

일요일엔 우동과 돈가스

쌍둥이 손자가 어느새 만 7세가 되었다. 얼마 안 있으면 초등학교에 입학한다. 쌍둥이 손자 중 큰손자인 지우가 내가 출간한 책 『매일 행복하지 않아도 행복해』를 좋아한다. 책 속에 자기들 이야기가 들어 있기 때문이다. 우리 집에 오면 책을 꺼내 와서 읽어 달라고 한다. 몇 페이지에 자기들 이야기가 있는지 외워서 바로 펼친다. 글을 읽어 주는데 글을 왜 거짓말로 썼냐며 투덜거렸다. 책에는 손자가 과일도 초콜릿도 안 먹는다는 이야기가 들어 있다.

"할머니, 지우가 초콜릿도 먹고 딸기와 애플망고도 먹는데 왜 안 먹는다고 썼어요?"

"지우가 이제 과일도 잘 먹는구나. 대단해. 할머니가 딸기 줄게. 먹을까?"

"지금 안 먹고 나중에 먹을게요."

"알았어. 지우가 딸기 잘 먹으면 이번에는 초콜릿과 과일 잘 먹는다고 써 줄게."

쌍둥이 손자는 둘 다 입이 짧다. 과일을 먹여 보려고 사정해도 먹지 않았다. 그래도 연우는 바나나는 잘 먹는데 지우는 바나나도 안 먹는다. 피자와 치킨 등도 안 먹는데 얼마 전에 엄마 아빠와 집에서 피자를 먹는 영상을 보내와서 보면서 '이제 피자를 먹기 시작했나 보다.'며 기특한 생각이 들었다. 그날은 겨우 작은 조각을 먹었지만, 그때부터 피자를 조금씩 먹게 되어 다행이었다.

쌍둥이 손자가 촛불 끄는 것을 좋아하기에 생일, 기념일에는 늘 케이크를 사다가 촛불을 켜고 축하 노래를 함께 불러 준다. 촛불을 끄고 폭죽을 터트리고 손뼉 치고 즐거워하는데 케이크를 먹으라고 하면 안 먹는다고 도망간다. 억지로 조금 먹여 보려고 해도 먹지 않으니 어쩔 수 없다. 잘 먹는 것은 아니지만 비슷한 커스터드는 먹기에 가끔 사다 둔다.

지우가 딸기와 애플망고를 먹는다고 하는데 사실 잘 먹는 것은 아니고 겨우 한 입 베어 먹은 걸로 먹었다고 하는 거다. 요즘 딸기를 잘라 포크로 찍어 주면 한 조각은 먹어 보려고 하는데 그런 모습도 지우에게는 큰 발전이다. 애플망고도 이번 겨울에 겨우 달래서 한 입을 먹였었다. 요즘 연우가 바나나를 먹을 때 윗부분을 조금 잘라서 지우에게 먹여 주는데 싫은 표정을 지으면서도 받아먹어서 기특한 생각이 들었다. 그래도 요즘 과일을 먹어 보려고 노력하기에 이렇게 조금씩 먹다 보면 잘 먹을 거라는 생각이 든다.

지우가 가장 좋아하는 것은 우동과 사리곰탕면이다. 사리곰탕면은 주로 토요일 점심으로 먹는데 컵라면 사리곰탕면을 혼자서 하나를 다 먹는다. 주일에 함께 교회에 다녀올 때 들르는 음식점이 있다. 돈가스집인데 그곳에서 지우는 우동을 먹고, 연우는 돈가스를 먹는다. 우동과 등심 돈가스, 안심 돈가스를 시키는데 카레도 같이 나와서 연우는 카레에 밥을 비벼서 돈가스와 먹고, 지우는 우동과 돈가스를 먹는다. 우동에는 어묵이 들어 있는데 어묵도 잘라 주면 호로록호로록 맛있게 먹는다. 연우는 우동은 안 먹고 카레밥과 돈가스를 좋아한다. 함께 나온 깍두기도 먹으면 좋은데 맵다고 둘 다 먹지 않는다.

3월이면 초등학교에 입학할 텐데 걱정이 된다. 그래도 밥은 잘 먹는 편이고, 연우는 국에 밥을 말아 먹는 것도 좋아하니 그렇게라도 먹기를 바란다.

학교에 오랫동안 근무했다. 퇴직하고도 가끔 시간 강사로 나갔다. 급식 시간에 보면 물론 남기지 않고 잘 먹는 학생도 있으나 먹는 것보다 남기는 것이 더 많은 학생이 있다.

학교 급식은 좋은 재료로 영양 교사가 영양까지 생각해서 메뉴를 짜서 정성껏 음식을 만드는데 잔반통에 버려지는 음식을 보면 속상할 때가 많았다.

2024년 8월에 아프리카 케냐로 구호 활동을 다녀왔다. 케냐 오실리기 마사이족 마을에 갔었는데 어린 소년 소녀 가장의 삶이 참 가슴 아팠다. 아직도 돈이 없어 음식을 살 수 없고 하루에 한 끼만 먹거나 굶는 날이 많았다. 먹는 물도 열악하여 수십 리를 걸어가서 물을 받아 오거나 고여 있는 물웅

덩이에서 냄새나는 물을 길어 와서 먹는 것을 직접 보았다. TV 광고에 나오는 장면이 실제 상황임을 눈으로 직접 확인했다. 지금 같은 세상에 먹을 것이 없어 굶는 지구촌 아이들이 있다는 현실이 참 슬펐다.

지우 연우도 세상에 가난해서 밥을 굶은 지구촌 아이들이 있다고 생각하며 급식에 나오는 먹기 싫은 음식도 남기지 않고 골고루 먹기를 기대해 본다. 한 살 두 살 나이를 더 먹을수록 편식 습관이 고쳐질 거라고 믿는다. 음식을 골고루 잘 먹어야 몸도 건강해지고 마음도 자라기에 집에서 식사할 때도 좀 더 신경 써야겠다.

쌍둥이 손자 편식에는 나의 잘못도 있다. 어릴 때부터 김치도 먹이고 다양하게 식단을 만들어 주어야 하는데 안 먹는 것은 먹이지 않았다. 늘 깔끔하게 식판에 담아서 먹여 주었다. 아기 때는 흘리더라도 혼자 손으로도 먹게 해야 하는데 그러지 못했다. 쌍둥이 손자의 편식 원인이 나인 것 같아서 미안하다. 그저 초등학교에 입학하면 잘 먹기를 기대해 본다.

요즘 쌍둥이 손자에게 딸기나 바나나를 잘 먹으면 할머니 책에 과일을 잘 먹는다고 써 준다며 달래서 조금씩 먹이고 있다. 할머니 책이 편식을 고치는 수단이 될 줄은 몰랐다.

사랑하는 손자에게

아가야
너희들이 우리에게 와준 건
하나님의 축복이었다

어느 별에 있다가 왔는지
얼굴도 뽀얗고
눈은 반짝반짝 별을 닮았구나

너희가 웃으면 우주를 다 가진 듯 행복하고
눈물 한 방울에 하늘이 새까맣다

그저 우리의 바람은
지혜롭고 건강하게 자라서
남에게 폐 끼치지 않고 당당하게
그리고
하고 싶은 일 하며 즐겁게 사는 거다

때론 가는 길에 돌멩이도 있고 가시덤불도 있겠지만

한 걸음 한 걸음 헤치며

나아가리라 믿는다

정말 힘들 땐 우리에게 기대렴

언제나 뒤에서 달려갈 준비 하고 있을게

할아버지 할머니는

하늘만큼 땅만큼 지우 연우 준우 사랑한다

이제 한 살 더 먹고

키도 자라고 마음도 자라

엄마 아빠 기쁨 되렴

추억 둘

그네 타며 세계여행

세계지도에 푹 빠진 손자

　쌍둥이 손자가 만 4세 때의 일이다. 지난가을 우리 집에 온 쌍둥이 손자가 유튜브에서 세계 여러 나라 국기 영상을 재미있게 시청하는 걸 보았다. 유튜브에 나오는 여러 나라 국기를 보며 나라 이름도 곧잘 말했다. 우리는 신기하여 국기가 나오면

"이 국기는 어느 나라 국기일까요?"

하며 물어보았다. 신기하게도 많은 나라 국기를 척척 알아맞혔다.

　나와 남편은 손자가 좋아하는 것을 사 주려고 경쟁한다. 손자가 돌아간 후에 나는 국기 카드를 검색하여 주문했다. 세계 100개 나라 국기 카드로 앞면에는 국기가, 뒷면에는 나라 이름과 수도, 각 나라를 상징하는 것 등 간단한 설명이 쓰여 있는 카드. 남편은 나도 모르게 지구본을 주문하여 도착했다. 얼른 주말이 되어 손자가 왔으면 좋겠다.

　드디어 금요일 저녁에 손자가 왔다. 먼저 국기 카드를 꺼내 왔다. 큰손자가 좋아서 어쩔 줄 몰라 했다. 국기를 한 장씩 들어 보이며 나라 이름 맞히

기를 하였다.

"이건 어느 나라 국기일까요?"

하고 한 장씩 보여 주면

"캐나다, 미국, 멕시코, 아르헨티나, 뉴질랜드, 영국, 프랑스, 케냐, 인도, 쿠웨이트……."

와! 육대주에 있는 100개 나라 국기를 거의 다 맞히었다. 국기를 보며 비슷한 국기가 많음을 알았다. 비슷해서 헷갈릴 텐데 정말 잘 맞힌다.

"지우, 천재!"

"아니에요, 연우는 천재, 지우는 박사예요."

후후, 지우는 늘 자기는 박사라고 말한다.

이제 할아버지가 지구본을 꺼내 왔다. 이번에는 연우가 더 좋아했다. 지구본을 살살 돌리며 나라를 찾아본다. 어느새 오대양 육대주를 위치까지 거의 꿰고 있었다. 큰손자는 국기 카드를 앞뒤로 보며 다 읽은 것은 아래로 떨어뜨렸다. 한글을 읽을 수 있어서 수도까지 외우는 중이다. 지금은 나라 이름과 수도, 위치 등을 거의 다 외운다. 심지어 영국의 빅 벤이나 미국의 자유의 여신상, 프랑스의 에펠탑 등 각 나라의 유명한 곳도 안다.

이렇게 시작된 쌍둥이 손자의 국기 사랑은 계속되었다. 엄마 아빠가 국기 깃발 꽂기 두 세트를 사 주었다. 싸우지 않고 하나씩 가지고 잘 놀았다. 국기 깃발 꽂기는 각 나라 땅에 국기를 꽂으며 노는 것이라 누가 먼저 완성하나 내기하며 잘 놀았다. 이걸로 끝이 아니다. 집에 커다란 택배 상자가 도착하였다. 할아버지가 세계지도 대형 지도 퍼즐을 주문한 것이 도착한 거다. 퍼즐 조각이 많아서 손자가 잘 맞출 수 있을까 약간 염려가 되었다.

조각이 많아 퍼즐이 섞이면 맞추기 어려울 것 같아 퍼즐 판과 퍼즐 조각 뒷면에 네임펜으로 같은 숫자를 써 놓았다. 그래야 맞추기가 쉽다. 교사 시절에 경험한 것이다. 지금도 주말에 손자가 오면 세계지도 퍼즐을 가지고 와서

"할머니, 도와주세요."

라며 내 팔을 잡아당긴다. 혼자 맞추면 재미없으니까 같이 놀아 달라는 거다.

"지우야, 탄자니아는 어디 있을까?"

"할머니, 여기 아프리카에 있어요."

나보다 나라 위치를 잘 알아 척척 맞힌다. 이번 주엔 아빠랑 같이 퍼즐을 다 맞추어 완성하였다. 맞추는 속도가 점점 빨라졌다. 퍼즐을 맞추었다가 쏟기를 매주 반복했다. 퍼즐 조각 두 개는 잃어버렸나 보다. 청소하며 잘 찾아봐야겠다.

밤 9시가 되면 쌍둥이 손자가 자러 가는 시간이다. 잠들기 전에 '나라 이름 대기' 놀이하였는데 요즈음엔 누워서 아빠랑 '아시아 나라 이름 10개 말하기', '아프리카 나라 이름 대기' 등 수준을 높여 놀이한다. 볼수록 손자가 대견하다. 아직 어리니까 기억력이 좋을 수밖에 없지만, 비슷해서 나도 구별하기 어려운 국기를 다 외운다. 우리가 학창 시절 세계 지리를 배울 때보다 많은

나라들이 새로 등장했다. 처음 보는 나라도 많아 나보다 손자들이 나라 이름을 더 많이 안다.

얼마 전에 억새와 핑크뮬리를 보러 상암동 하늘 공원에 간 적이 있었다. 하늘 공원에 억새를 보러 온 사람들이 억새만큼 많았다. 잃어버릴까 봐 손을 꼭 잡고 걸어가는데 손을 놓더니 큰손자가 계속 어떤 아저씨를 따라갔다. 자세히 보니 티셔츠 등에 영국 국기가 그려져 있었다. 손자가 영국 국기를 가리키며 따라간 거였다.

"지우는 어느 나라에 가 보고 싶어요?"
"칠레요."
"칠레는 어디 있을까요?"
"남아메리카에 있는데 엄청 길쭉한 나라예요."
"칠레는 너무 멀어 가기 힘든데."
"그럼 캐나다 갈래요."
물어보면 물을 때마다 다르지만, 캐나다에 가 보고 싶다고 했다. 단풍잎이 그려져 있는 캐나다가 좋은가보다. 나도 아직 캐나다에 가 보지 못했기에 기회가 되면 쌍둥이 데리고 캐나다에 여행 갈 꿈을 가져 본다.

한비야가 벽에 붙여 놓은 아버지의 세계지도를 보며 걸어서 지구 한 바퀴 세계여행을 꿈꾸었듯이 손자도 국기 퍼즐로 세계 여러 나라에 관심을 가져 글로벌 일꾼이 되었으면 좋겠다.

"할아버지 할머니는 늘 지우 연우 꿈을 응원한다."

그네 타며 세계여행

쌍둥이 손자 만 5세 여름에 있었던 일이다. 금요일에 작은아들이 회사에서 야근이라서 이번 주는 우리가 데리러 갔다. 집에 도착하니 외할머니와 잘 놀고 있었다. 쌍둥이 손자는 양가 할머니를 모두 좋아한다. 주중에는 외할머니와 놀고, 주말에는 우리 집에 와서 나랑 논다.

쌍둥이 손자는 우리 집에 오는 것을 좋아한다. 대부분 저녁을 먹고 7시경에 아들이 데리고 온다. 오늘은 쌍둥이 손자를 조금 일찍 데리러 가서 저녁은 우리 집에서 먹여야 하기에 저녁을 준비해 놓고 출발하였다. 하얀 밥을 좋아해서 쌀과 찹쌀만 넣고 밥을 했다. 어쩌다 완두콩을 넣으면 골라낸다. 가끔 찹쌀 현미를 조금 넣을 때도 있다.

도착하여 인터폰을 누르니 벌써 출발할 준비를 하고 기다리고 있었다. 2박 3일 동안 입을 옷 가방을 들고 출발했다. 먼저 달려가서 엘리베이터 층 번호를 눌렀다. 지하 2층을 눌러 주차장으로 내려갔다. 할아버지 차 번호도 알아서 할아버지 차 앞에 서 있다.

차창 밖으로 보이는 하늘에 구름이 가득하다. 아직 태풍이 다 물러간 것이 아닌가 보다. 날씨가 조금 선선해져야 공원에도 놀러 갈 텐데 요즈음은 거의 집에서 논다. 태풍이 더위를 몰고 갔으면 좋겠다. 도착하자마자 연우가 우유를 달라고 했다. 곧 저녁 먹어야 하는데 어쩔 수 없다. 자식 이기는 부모도 없지만, 손주 이기는 할머니도 없을 거다. 오자마자 트램펄린에서 뛰어논다. 손자가 오면 24시간 에어컨을 튼다. 거실은 밤에 끄지만, 손자가 자는 방은 잘 때도 끄지 않는다. 에어컨을 틀어도 운동량이 많아 땀을 흘린다.

아빠가 오지 않아서 저녁에 쌍둥이 손자와 같이 잤다. 쌍둥이 손자는 할머니와 자는 것을 더 좋아한다. 보통 9시경에 자는데 오늘은 책을 읽고 잔단다. 일찍 자기 싫은 모양이다. 자동차 관련 책이 10권이 있는데 다 꺼내 왔다. 쌍둥이 손자는 세 살 반 정도에 한글을 익혀서 책을 잘 읽는다. 그래도 늘 할머니 보고 읽어 달라고 해서 오늘은 한 페이지씩 셋이서 돌아가며 읽었다.

그러다 보니 거의 10시가 되었다. 아빠가 있으면 정확하게 9시에 자는데 오늘은 쌍둥이 손자가 하고 싶은 대로 해 주었다. 어쩌다 한 번 늦게 자는 걸 뭐. 쌍둥이 손자는 아기 때부터 꼭 손을 잡아야 잤다. 늘 오른쪽에는 지우가, 왼쪽에는 연우가 자고 가운데서 내가 잤다. 오늘도 오른손은 지우가, 왼손은 연우가 꼭 잡고 잤다. 자는 것 같아 손을 빼려면 어느새 알고 다시 손을 잡는다. 손을 놓으면 완전하게 잠든 거다. 대신 쌍둥이 손자는 애착 인

형이나 애착 이불이 없다.

쌍둥이 손자는 금요일 저녁에 와서 일요일 3시경에 돌아갔다. 토요일에는 꼭 근린공원에 가거나 아파트를 한 바퀴 도는데 이번 주는 집에만 있었다. 손자 생각하면 집이 시골이면 좋겠다는 생각을 늘 한다. TV로 유튜브를 보고 핸드폰도 하고, 세계 국기도 색칠하며 놀았다. 알파벳 카드로 대문자 소문자 짝 맞추기도 하고 세계지도에서 나라 찾기도 하였다. 풍선을 불어 손으로 풍선 보내기도 하고 싱크대에서 연우는 물장난도 하였다. 지우는 물장난을 안 하는데 연우는 물장난을 좋아한다. 손에 물이 닿는 느낌이 좋은지 수돗물을 조금 틀어 놓고 논다. 그러다가 싫증이 나면 트램펄린에서 어찌나 높이 뛰는지 남편과 나는 넋을 잃고 쳐다본다. 그 높이만큼 키가 쑥쑥 컸으면 좋겠다.

아빠가 데리러 와서 집에 가야 하는데 안 가고 싶단다. 연우가
"내일 유치원 안 가고 여기 있으면 안 돼요?"
"유치원 왜 안 가려고 하는데?"
"이유는 말 안 할래요."
말도 잘한다.
언제 또 오냐며 가기 싫은 발걸음을 옮긴다.

집에 가서 아빠랑 자전거를 타고 놀이터에 가는 동영상을 보내왔다. 자전

거는 올해 생일 선물로 할아버지가 사 주었다. 보조 바퀴 달린 두발자전거다. 지우는 혼자서도 잘 탔다. 연우는 자전거 타는 것보다 킥보드를 좋아하는데 오늘은 자전거를 제법 잘 탔다. 자전거 타는 모습이 예뻐 영상을 두세 번 돌려 보았다. 넘어지지 않도록 멀리 보고 한눈팔지 않아야 하는데, 왠지 조금 불안하다. 남편이 카톡으로 쌍둥이 손자가 안전하게 자전거를 타도록 잘 보라고 아들에게 잔소리하였다. 아들이 알아서 잘할 텐데 남편이 걱정되나 보다.

쌍둥이 손자는 세계 여러 나라에 관심이 많다. 유튜브로 세계 여러 나라와 국기 영상을 늘 보곤 한다. 손자 말에 의하면 세계에 197개 나라가 있다고 했다. 국기와 수도, 위치도 다 안다. 영어로 되어 있는 나라 이름도 다 읽는다. 영어 나라 이름 덕분에 저절로 파닉스가 되어 그것도 참 신기하다. 아이들이 자동차도 좋아하고 공룡도 좋아한다는데 별로 관심이 없다.

아들이 보내온 손자들 영상을 보니 놀이터에 가서 자전거를 세워두고 그네 타는 모습이 재밌다. 그네 타며 둘이서 나누는 대화가 즐겁다. 만 5세가 되면서 놀이터에서 혼자 앉아 그네를 제법 잘 탄다. 그네를 타며 나라 이름을 말한다. 지우가 나라 이름을 말하면 다음에는 연우가 말하며 주고받는다. 어, 그런데 당나라, 송나라, 로마 제국이라니. 요즘 역사 관련 유튜브를 보더니 참. 그네만 타는 것이 아니라, 둘이서 세계여행하며 탄다. 둘이라 노는 것도 심심하지 않고 재미있어 보였다.

쌍둥이 손자는 5월에 엄마 아빠와 일본 여행을 다녀왔다. 오사카에 가서 유니버설 스튜디오에서 신나게 놀았다. 교토에 가서 이모도 만나고 누나와 즐겁게 놀고 왔다. 일본에서 살고 싶다고 했단다.

세계 여러 나라를 공부하며 가 보고 싶은 나라가 많아졌다. 쌍둥이 손자 데리고 해외여행 다녀올 날을 꿈꾸어 본다. 어디를 먼저 갈까 고민이 된다. 그날이 빨리 오면 좋겠다.

왕할머니 언제 만나요

쌍둥이 손자 만 5세 때의 일이다. 작은아들이 금요일 저녁에 회사에서 팀 회식이 있어서 쌍둥이 손자를 데리러 갔다. 다른 날은 금요일 저녁에 작은아들이 데리고 온다. 쌍둥이 손자가 6개월 되었을 때부터 돌봐 주었으니 벌써 5년이 되어 간다.

작은아들네는 우리 집에서 차로 20분 정도 걸리기에 남편 퇴근하는 시간에 맞추어 내가 차를 가지고 출발하였다. 남편은 요즈음 주로 지하철로 출퇴근하기에 아들네 집 입구에서 만났다. 멀리서 보니 손에 검정 봉지를 들고 있었다. 노상에서 할머니가 파는 호박고구마를 샀다고 했다.

주말 점심은 호박고구마를 구워서 요플레에 섞어서 먹인다. 일명 고구마 요플레다. 아침에 밥을 먹기에 점심 한 끼는 고구마 요플레로 충분하다. 고구마 요플레는 배변에도 도움이 되기에 좋은 음식이라는 생각이 든다. 이번 주말에도 먹여야 하는데 고구마가 떨어졌다. 역시 손자 사랑은 할아버지가 최고다.

저녁에 작은아들이 회식이 늦게 끝날 것 같다며 집에서 자고 내일 데리러 온다고 했다. 저녁 먹이고 씻기고 9시경에 자러 들어갔다. 책 읽고 자자며 쌍둥이 손자가 좋아하는 자동차 시리즈 미니 북을 꺼내 왔다. 일찍 자기 싫은 모양이다.

"오늘은 지우 연우가 읽어야 해."

"그냥 할머니가 읽어 주세요."

책 읽고 자자고 하며 늘 할머니 보고 책을 읽어 달란다. 오늘도 쌍둥이 손자 지우 연우와 한 페이지씩 번갈아 가며 읽었다.

쌍둥이 손자와 한 페이지씩 돌아가며 읽는데 갑자기 지우가 장난스럽게 읽으며 따라 해 보라고 했다. 따라 했더니 재밌다며 연우도 지우도 계속 따라 해 보라고 했다. 책 10권을 다 읽고 나니 거의 10시가 되었다. 불을 끄고 누웠다.

지우가 갑자기

"왕할머니 언제 만나요?"

라고 말했다. 어떻게 대답해야 할까 고민이 되었다.

왕할머니는 86세 친정엄마다. 재작년 5월에 어깨를 다치고 병원에 입원하셨다가 퇴원하셨다. 평생 한 번도 병원에 입원한 적이 없으셨는데 충격이 크셨던 것 같다. 강릉에서 혼자 지내셨는데 인지가 조금 안 좋아져서 우리 집에서 함께 살았다.

남동생이 두 명 있지만, 딸이 편하다고 하셔서 퇴원하며 우리 집으로 모셔 왔다. 문제는 퇴직하기 전이라 내가 출근하면 혼자 계셔야 하는 거였다. 7월 20일경에 여름 방학을 하니까 한 달 반 정도가 문제였다. 코로나 시기라 재택근무하는 작은아들이 우리 집에 와서 돌보기도 하고, 내가 조퇴하며 돌봐 드렸다. 그러다가 9월에 장기요양급여 4등급을 받으셔서 주간보호센터를 다니게 되어 친정엄마 돌보는 것이 해결되었다.

친정엄마는 주간보호센터를 복지관이라 부르며 즐겁게 다니셨다. 아침 8시 20분경에 센터 차가 오면 유치원 원아처럼 아파트 현관 카드키가 든 가방을 메고 등원하셨다. 센터에서 저녁까지 드시고 오셔서 저녁은 과일 정도만 드셨다. 성격이 긍정적이라 다른 어르신들과도 잘 지내셨다. 특히 노래 부르는 것을 좋아하셨던 친정엄마는 노래 교실이 있는 수요일을 가장 좋아하셨다. 친정엄마를 보며 우리나라 노인 복지가 참 잘 되어 있다는 것을 알았다. 감사한 일이다.

쌍둥이 손자를 주말마다 우리 집에서 돌보다 보니, 왕할머니하고도 잘 지냈다. 1년 8개월 정도를 주말마다 만났으니 정이 들었나 보다. 친정엄마가 2023년 2월 말에 천식으로 병원에 입원하셨다. 입원하셔서 기관지 내시경을 받다가 심정지가 와서 정말 갑자기 돌아가셨다. 눈앞이 깜깜했다. 인지가 조금 안 좋긴 했어도 대부분의 일은 혼자서 하셨을 정도로 건강하셨다. 갑자기 겪는 일이라 가족 모두가 할 말을 잃었다. 이렇게 친정엄마는 우리

곁을 떠났다.

쌍둥이 손자가 집에 왔는데 왕할머니가 안 보이니까 아빠에게
"왕할머니 어디 가셨어요?"
"왕할머니 달나라에 가셔서 이제 볼 수 없어."
라고 아빠가 대답해 주었다.
오늘 자려고 하는데 갑자기 왕할머니가 생각난 것 같다.
"지우야, 왕할머니 보고 싶어?"
"네, 왕할머니 언제 만날 수 있어요?"
"아주 오래 있어야 만날 수 있어. 하지만 지우가 코 자면 꿈속에서 만날 수 있을지도 몰라."
"할머니, 얼른 잘게요. 오늘 꿈속에서 왕할머니 만나고 싶어요."

귀여운 손자는 쌕쌕 잘도 잔다. 꿈속에서 왕할머니 만나 재미있게 놀기를 바란다. 친정엄마가 돌아가시고 꿈속에서조차 한 번도 뵙질 못했다. 오늘 내 꿈속에도 찾아와 주시면 좋겠다. 꿈속에서 만나면
"낳아 주시고 예쁘게 잘 키워 주셔서 고맙습니다. 엄마, 사랑해요."
라고 말씀드리고 싶다. 그리고 왜 그리 서둘러 떠나셨는지 여쭈어보고 싶다.

내가 초등학교 교사라 큰아들이 태어나면서부터 우리 집에 오셔서 손자를 돌보셨다. 친정아버지께서 50대 초에 돌아가셔서 강릉에 혼자 계셨는데 집도 비워 두고 올라오셨다. 요즘 아들 쌍둥이를 주말에 돌봐 주다 보니 아들 둘을 키우는 것이 생각보다 힘들다는 것을 느낀다. 나보다는 친정엄마가 조금 젊으셨지만, 그래도 살림까지 해 주시며 손자를 돌보는 일이 많이 힘드셨을 텐데 한 번도 힘들다는 말씀을 안 하셨다. 큰아들이 초등학교 2학년 때까지 돌봐 주시다가 강릉으로 내려가셔서 계속 혼자 지내셨다.

친정엄마가 100세까지 사실 줄 알았다. 우리 집에 오셔서 지내시며 마음이 편하다고 하셨다. 작년에 퇴직했기에 이제 친정엄마를 잘 모시려고 했다. 하지만 부모는 자식이 효도할 때를 기다려 주지 않음을 깨달았다. 살아 계실 때 한 번이라도 더 찾아뵙고 잘해 드리는 것이 효도라고 생각한다.

하늘나라에서 아프지 말고 친정아버지 만나서 행복하셨으면 좋겠다. 먼저 가진 친정아버지가 많이 늙으신 엄마를 알아보지 못할까 봐 걱정된다.

친정엄마가 직장 다니는 나를 위해 우리 아들 둘을 돌봐 주셨듯이 지금은 내가 직장 다니는 아들 며느리를 위해 쌍둥이 손자를 돌봐 주고 있다. 친정엄마가 보여 주신 사랑과 헌신을 기억하기에 나도 기쁜 마음으로 쌍둥이 손자를 돌봐 주고 있다.

오늘 밤, 쌍둥이 손자처럼 나도 친정엄마가 보고 싶다.

할머니와 다녀온 롯데타워

쌍둥이 손자 만 5세 여름에 있었던 일이다. 오늘은 2023년 8월 15일 광복절이다. 광복절 의미를 새겨야 하는 날인데 태극기 다는 걸로 내 임무를 다했다고 생각했다. 그저 달력에 있는 빨간 글씨가 반갑다. TV에서 광복절 기념식을 시청하며 쌍둥이 손자가 오길 기다렸다.

어제 며느리한테서 전화가 왔다. 쌍둥이 손자가 롯데타워에 가고 싶다고 하는데 같이 가자고 했다. 롯데타워가 생긴 지 꽤 오래되었는데 나도 남편도 아직 다녀오지 못했다. 안 가 본 곳이라 한번 다녀오고 싶어서 함께 가자고 약속하였다. 우리를 챙기는 며느리가 참 고마웠다.

남산타워도 여러 번 다녀왔고, 63빌딩에도 많이 다녀왔다. 잠실 롯데백화점과 롯데월드도 여러 번 다녀왔는데 롯데타워에는 가 보지 못했다. 일부러 갈 정도로 호기심이 생기지 않았다. 나도 나이가 들었나 보다.

커피와 토스트로 간단하게 아침 식사하고 아들 차를 타고 출발하였다. 오늘이 공휴일이라 올림픽 도로가 많이 막힐 것을 각오하였다. 신기하게 잠실 방향 도로는 막히지 않았고 오히려 반대쪽 길이 막혔다. 올림픽 도로를 달리는 것이 참 오랜만이다. 퇴직 전에는 출근길이었는데 이젠 여행길이 되었다.

길 가장자리에 피어 있는 능소화와 배롱나무꽃을 보며 아직 여름이 머물러 있음을 느낀다. 광복절이라 그런지 흰색, 분홍색 무궁화꽃이 자꾸 눈에 들어왔다. 우리 나라꽃 무궁화를 오늘 많이 본다.

쌍둥이 손자는 신났다. 가는 길에 63빌딩을 보고
"할머니, 63빌딩 몇 층이에요?"
"63빌딩이니까 63층이지."
"아닌데, 63빌딩은 60층이고 지하 3층까지 있어요."
"그렇구나, 지우 연우 똑똑하네."
난 63빌딩을 63층으로 알았다.

쌍둥이 손자는 핸드폰으로 지도 검색을 하면서 아파트와 건물 보는 것을 좋아한다. 동네 아파트 이름뿐만 아니라 서울의 다른 동네 아파트도 잘 안다. 참 신기하다. 한강대교쯤 갔는데 멀리 롯데타워가 흐릿하게 보였다. 롯데타워 꼬다리만 보인다며 좋아했다. 꼬다리란 말은 누구에게 배웠는지 잘도 써먹는다. 롯데타워가 크게 보이자 환호성이다.

길이 막히지 않아서 롯데타워에 일찍 도착했다. 문제는 주차장에서 발생했다. 지하 6층까지 있는 주차장 중 주차가 가능한 곳이 지하 6층만 남아 있었다. 앞차를 따라 아주 천천히 내려가는데 쌍둥이 손자가 지루한가 보다. 화장실도 다녀와야 하는데 주차하려면 시간이 좀 더 필요해 보였다. 하는 수 없이 연우가 휴대용 소변기에 해결했다. 옛날 우리 아들 키울 때는 1,000mL 우유 팩을 말려서 가지고 다녔는데 휴대용 소변기가 있어서 다행이다. 아이들 어렸을 때 여행을 참 많이 다녔는데 세월이 빠르다. 내가 할머니가 되어 손주와 여행을 다닌다.

전망대 표 사는 곳을 찾아서 올라가는데 사람이 정말 많았다. 우리처럼 공휴일이라 시원하고 가까운 곳으로 나들이하러 온 사람일 거로 생각했다. 키오스크에서 전망대 표를 샀다. 며느리가 척척 잘했다. 지하 1층에서 엘리베이터를 타고 117층까지 올라갔다. 올라가는 엘리베이터는 천정과 3면에 모니터 화면이 설치되어 있었고, 사방이 막혀 있어서 밖은 보이지 않았다. 도착하는데 딱 1분 걸렸다.

117층에 도착하니 관람객이 많았다. 아이들과 온 부모가 많았다. 어, TV에서 본 스카우트 대원이 꽤 많이 보였다. 영국 대원들이다. 어른도 있고 학생들도 있었다. 이상하게 반가웠다. 쌍둥이 손자도 건물들을 내려다보며 신났다. 롯데월드 매직아일랜드가 아주 작게 보였다. 남산타워도 보이고 지도에서 보았던 아파트도 찾아보았다. 118층에 있는 스카이 데크에 올라가니 아래가 까마득하여 어지러웠다. 사진만 찍고 나왔다. 주변 건물을 구경할 수 있어서 한 바퀴 돌며 천천히 관람하였다.

119층에는 8월의 크리스마스로 꾸며 놓고 산타에게 보내는 우체통이 있었다. 엽서라도 쓰고 싶었으나 쌍둥이 손자 데리고 구경하느라 사진만 찍었다. 120층에 올라가니 피아노 소리가 들렸다. 남학생이 피아노를 치고 일어섰다. 마침 사람이 없어서 쌍둥이 손자가 〈작은 별〉을 서툴게 쳤다. 실로폰으로 쳐 보았는데 잊어버리지 않고 검지로 쳤다. 그래도 잘 쳤다. 할아버지가 쌍둥이 손자 피아노를 사 주고 싶어 한다. 요즈음은 전자 피아노가 대세다. 며느리가 내년에 사 달라고 해서 사 줄 날을 기다리고 있다. 쌍둥이 손자가 피아노를 치면 얼마나 귀여울까 벌써 기대된다.

120층을 한 바퀴 돌고 오니 영국 스카우트 대원이 돌아가며 피아노를 치고 박수로 환호하며 즐거워 보였다. 올해 8월에 새만금에서 제25회 세계 스카우트 잼버리가 있었다. 여러 가지 문제점이 있었는데 잼버리의 나쁜 기억은 잊고 한국에서 좋은 추억만 가지고 돌아가면 좋겠다.

나는 여행 가면 기념품 사는 것을 좋아한다. 남편이 롯데타워 미니어처를 두 개 사서 쌍둥이 손자네 하나 주고 나한테도 하나 주었다. 2020년 1월 초 코로나19가 발생하기 바로 전에 남편과 다녀왔던 부산 여행에서 방문했던 부산 타워 미니어처랑 비슷했다. 엘리베이터를 타고 123층에 올라가니 식당이었다. 이곳에서 식사할까 했는데 아들이 롯데월드몰에 가면 식당이 있다고 오늘은 거기서 식사하자고 했다. 내려가는 엘리베이터 줄이 길다. 쌍둥이 손자는 기특하게도 떼도 안 쓰고 여태까지 잘 견뎠다.

롯데월드몰 식당가에서 식사하고 조금 쉬었다. 공휴일이라 식당가에도 사람이 많아 대기 줄이 길고 엘리베이터도 만원이라 기다리는 시간이 길었다. 주차장으로 내려가는 엘리베이터를 탔는데 삐 소리가 나서 며느리가 내렸다. 쌍둥이 손자가 혼자 내린 엄마가 걱정되나 보다. 엄마 언제 오냐고 자꾸 물어본다. 잠시 헤어졌는데 엄마를 보자 이산가족 상봉하듯 반가워했다. 휴일이라서 주차장에서 출차하는 데도 시간이 오래 걸렸다. 쌍둥이 손자 눈이 스르르 감겼다. 집에 오는 길도 많이 막히지 않아서 다행이었다. 오는 도중에 쌍둥이 손자가 깼다. 차 탈 때부터 할머니 집에서 놀다 가겠다고 떼를 썼다. 집에 가서 씻고 내일 유치원 가야 해서 안 된다고 해도 막무가내다. 금요일에 오라고 했다. 우리를 내려 주고 우는 쌍둥이 손자를 데리고 아들네가 돌아갔는데 마음이 조금 안 좋다.

쌍둥이 손자와 어디든지 가는 것만으로도 행복하다. 쌍둥이 손자 손잡고 롯데타워를 구경하며 정말 높다는 생각이 들었다. 아래로 보이는 건물이 성냥갑처럼 작아 보였다. 오래전에 미국 뉴욕에 갔을 때 엠파이어 스테이트 빌딩 전망대에 간 적이 있었다. 84층과 102층에 전망대가 있었다. 오늘 123층까지 올라갔다 왔으니 방문한 전망대 중 가장 높은 곳에 다녀온 거다. 쌍둥이 손자 덕에 가고 싶었던 롯데타워 전망대에도 다녀오고 소원을 풀었다. 이번 주 금요일에 오면 또 어디에 가고 싶은지 물어봐야겠다. 다음에는 쌍둥이 손자와 함께 세계에서 가장 높다는 두바이 부르즈 할리파 전망대에 여행 갈 수 있기를 기대해 본다.

오늘도 쌍둥이 손자와 함께 롯데타워에 다녀오며 행복한 추억 하나를 쌓았고, 행복함으로 잘 마무리하였다.

할아버지와 건강 백 년 길을 걸었다

　쌍둥이 손자 만 5세 2023년 가을에 있었던 일이다. 올여름은 더워도 너무 무더워서 가을이 오기를 손꼽아 기다렸다. 추석 전까지만 해도 여름은 물러날 마음이 없는 듯 여름을 방불케 하였다. 그러다가 비가 내릴 때마다 기온이 조금씩 내려갔다. 추석이 지나면서 가을이 우리 가까이에 다가왔다. 올가을에는 비가 유난히 자주 내렸다. 가기 싫은 여름을 몰아내려는 것 같았다. 이제 가을이 깊어졌다. 이러다가 가을을 맛보기도 전에 겨울이 자리 잡는 것이 아닌가 싶다. 좋은 계절 가을을 오래 붙들고 싶다.

　여름에 다녀온 건강 백 년 길을 만 5세 쌍둥이 손자와 다시 찾았다. 계획을 미리 세우지도 않았다. 토요일 아침에 손자 밥 먹이고 앉아 있다가
　"오늘 날씨도 좋은데 쌍둥이 데리고 건강 백 년 길이나 다녀올까?"
　라는 남편의 한마디에 서둘러 준비하고 10시 30분경에 집을 나섰다. 준비라야 마실 물과 약간의 간식을 챙기는 게 전부였다. 간식으로 큰손자가

좋아하는 뻥튀기와 작은손자가 좋아하는 바나나를 챙겼다.

건강 백 년 길은 영종도 둘레길 1코스로 공항철도 운서역에서 내리면 바로 갈 수 있는 숲길이다. 숲이 우거져 있지만, 길이 평평해서 아이들도, 노인들도 걷기 좋은 길이다. 지난 초여름(6월 6일)에 남편과 갔었는데 산책길 가운데는 야자 매트가 깔려 있어서 걷기에 좋았다. 맨발 걷기를 하는 사람을 위해 야자 매트 가장자리는 흙길이었다. 요즘 맨발 걷기가 인기라서 맨발 걷기를 하고 싶은 분에게도 좋은 산책길이다.

집 앞에서 지하철을 타고 가다가 검암역에서 공항철도로 갈아탔다. 쌍둥이 손자는 지하철을 많이 타 보지 않아서 지하철을 타는 것만으로도 신났다. 인천공항철도라서 여행객이 많았다. 손자는 신발을 벗고 아예 창밖을 보려고 돌아앉았다. 창밖을 보며 좋아서 환호성이다. 영종대교를 건널 때는 바다가 보여서 더 좋아했다. 마침 밀물이라 바닷물도 많이 들어와 있었다. 검암역에서는 세 개의 역밖에 되지 않는 짧은 구간이었지만, 좋아하는 손자를 보며 우리도 저절로 행복했다.

운서역에서 내려서 화장실에 다녀오고 운서역을 배경으로 기념사진도 찍었다. 운서역 옆에 있는 건물만 지나서 횡단보도를 건너면 바로 건강 백 년 길이다. 역에서 많이 걷지 않는 것도 건강 백 년 길의 장점이다. 지나는 길에 베이커리 카페가 있었다. 카페에서 나오는 구수한 빵 냄새도 좋았다. 나는 빵을 좋아해서 집에 갈 때 잠시 들러서 차 한잔하고 가야겠다고 생각했다.

지난 초여름에 찾은 건강 백 년 길은 녹음이 우거져 있었고, 산책길 옆에 있는 숲속에는 다양한 꽃들이 피어 있었다. 장미 공원에 피어 있던 빨간 장미가 아름다웠고, 산책길 끝에 있는 생태 연못에도 수련과 붓꽃 등이 피어 있어서 싱그러웠다. 산책길 옆에 있는 나무는 벚나무가 많아서 봄에는 벚꽃을 구경하러 많은 인파가 몰리기도 한다. 오늘 찾은 건강 백 년 길에는 벌써 벚나무 잎이 떨어지고 앙상한 가지만 남아 있어서 추워 보였다.

건강 백 년 길 입구에서 모기 기피제를 뿌리고 걷기 시작했다. 쌍둥이 손자도 신났다. 작은손자 연우가 민들레를 좋아한다. 여름이 지나면서 집 주변에서 민들레꽃 보기가 어려웠는데, 길옆으로 민들레가 지천이었다. 민들레밭 같았다. "민들레닷!" 소리치며 민들레에 코를 박는다. 민들레 홀씨를 꺾어서 불며 천천히 걸었다. 손자들은 나비도 따라가고, 새소리에 맞추어 춤도 춘다. 아파트에 살다 보니 늘 뛰지 말란 소리를 달고 산다. 오늘은 자연에서 마음껏 뛰며 신났다.

생각보다 사람은 많지 않아서 한가로웠다. 강아지를 데리고 산책하는 분이 있었다. 신발을 들고 맨발로 걷는 모습이 보기 좋았다. 나도 맨발로 걸어볼까 하고 잠시 생각했지만, 오늘은 손자를 안전하게 돌봐야 해서 참았다. 다음에는 꼭 맨발 걷기를 해 봐야겠다. 가족끼리 오신 분, 친구와 함께 온 중년 여성분들도 있었다. 자전거를 타고 지나가는 가족도 있었다. 아마 오후에는 더 많은 사람이 산책할 것이다.

건강 백 년 길은 약 4㎞로, 500m 단위로 표시판이 있어서 내가 걸어온 거리와 남은 거리를 친절하게 알려 준다. 연못까지 가려면 4㎞를 걸어야 하지만, 오늘은 쌍둥이 손자와 같이 와서 1㎞를 지나 벤치를 찾아서 앉았다. 손자들이 아직 어려서 다리 아프다고 했다. 춥지도 덥지도 않은 날씨라서 조금 걸었는데도 기분이 상쾌하였다. 벤치에 앉아서 물을 마시고 가지고 온 간식도 먹었다. 연우는 바나나를 먹고 지우는 동그란 뻥튀기를 물과 함께 먹었다.

아이들이 무리하면 안 될 것 같아서 이 정도에서 돌아가기로 했다. 신발과 바지에 묻은 먼지를 털고 다시 운서역으로 향했다. 아이들이 힘든지 안아 달라고 했다. 왕복 3㎞ 정도를 걸었으니 손자들이 많이 걸은 셈이다. 집에 와서 보니 오늘 9,568보를 걸었다. 손자는 피곤한지 오자마자 씻고 곯아떨어졌다.

건강 백 년 길은 갈 때마다 매력적이다. 이름처럼 이 길을 걸으면 백 살까지 건강하게 살 것 같다. 숲길인데 평지라 나이 드신 분도 걷기에 좋다. 길 옆으로 숲이 우거져 있고, 중간중간에 쉴 수 있는 벤치도 있다. 중간에 넓은 잔디밭도 있어서 아이들이 공을 차며 놀 수도 있다. 걸은 거리를 알려 주니 자신에게 맞는 거리를 걸으면 된다. 오늘은 어린 손자와 함께 가서 많이 걷지 못했지만, 요즘처럼 날씨 좋은 가을에 시간 있을 때마다 자주 가려고 한다. 다음에는 4㎞를 완주해야겠다.

이제 100세 시대라고 한다. 120세까지도 살 수 있다고 한다. 오래 사는 것이 중요한 것이 아니고 건강하게 오래 사는 것이 중요하다. 멀지 않은 곳에 좋은 둘레길이 있어서 참 좋다. 나이 들면 걷기가 가장 좋은 운동이다. 쌍둥이 손자와 공항철도를 타고 가니 꼭 여행 가는 기분이었다. 앞으로도 여행 가는 기분으로 건강 백 년 길을 찾아 건강을 가득 채워야겠다. 그 길에 소중한 손자 지우 연우가 함께해서 더 행복하다.

추석에는 할머니와 키즈 풀빌라로

"얘들아, 이번 추석에는 여행 갈까?"

남편의 한마디에 바로 키즈 풀빌라를 예약하고 추석 전날 우리 가족은 여행을 떠났다. 우린 쌍둥이 손자와 함께 출발하고, 큰아들은 따로 출발하였다. 어제까지 내리던 비는 그치고, 여행을 축복이라도 해 주듯 해님이 반짝인다. 출발하며 마음마저 상쾌했다.

이번 추석에는 명절 음식을 장만하지 않고, 대신 손자들이 좋아할 키즈 풀빌라로 떠났다. 추석 연휴라 길이 밀릴 것을 생각하고 서둘러 출발하려고 했지만, 손자 밥 먹이는 데 시간이 걸려서 아들이 우리 집으로 와서 10시경에 한 차로 출발하였다. 풀빌라 입실이 오후 3시라 시간은 넉넉했다.

목적지가 춘천이라 서울양양고속도로에 들어섰다. 꼬리를 문 긴 줄이 명절임을 말해 준다. 고속도로 갓길에 '소형차 전용'이란 표시가 있고 승용차들이 앞다투어 달려갔다. 소형차 전용도로라 우린 경차만 다닐 수 있는 길이라고 생각해서 감히 들어가지 못했는데, 제네시스 G80도, 승합차도 씽씽 달리고 있었다.

　도로 교통법을 지키지 않는 정말 나쁜 사람이라고 생각했다. 그런데 가다 보니 안내 표지판이 있었다. 승용차와 15인승 이하 승용차도 이용이 가능한 도로였다. 처음 가 보는 길이라 정보가 없어서 죄 없는 사람을 욕할 뻔했다. '소형차 전용' 차선은 가변 차선으로 녹색 화살표로 표시될 때만 이용 가능하다는 것도 알았다.

　손자가 화장실에 가고 싶다고 해서 휴게소에 들르기로 했다. 서울양양고속도로에는 춘천 가기 전 유일한 휴게소가 가평휴게소 하나밖에 없었다. 휴게소에 가려고 끝 차선으로 들어섰는데 줄이 길었다. 가까스로 휴게소에 들어갔는데 차가 정말 많았다. 겨우 주차 자리를 발견하고 주차하였다. 휴게소를 더 늘려야 하지 않을까 하는 생각이 들었다.
　코로나19 이후 명절에 처음 가는 여행인데 코로나19 이전으로 완전하게 회복한 것 같았다. 휴게소 화장실도 줄이 길었고, 식당은 앉을 자리가 없어 식사조차 할 수 없었다. 휴게소에서 간단하게 식사하고 숙소에 들어가려고 했지만, 그냥 간식거리만 조금 사서 시장기만 면했다. 명절에 고향에 가는 사람도 있고, 우리처럼 여행 가는 사람도 있을 거다. 휴게소에 여행객이 많으니 명절 기분이 나서 좋았다.

키즈 풀빌라에 도착하여 짐을 풀고 손자들과 야외 수영장을 찾았다. 평소라면 1시간 30분 정도 걸리는 곳이지만, 차가 많이 밀려서 거의 4시간이나 걸렸다. 다섯 살 쌍둥이 손자와 한 살 손자는 아빠와 수영장에서 즐겁게 놀다가 추워서 실내풀로 들어와서 놀았다. 실내풀은 작았지만, 물이 따뜻해서 물 좋아하는 쌍둥이 손자는 저녁 식사하기 전까지 놀았다.

숙소에는 우리처럼 가족 단위로 여행을 오신 분이 많았다. 부모님과 함께 온 분도 있었고, 아이들과 부부만 온 분도 있었다. 이제 추석에 차례를 지내는 대신 부모님 모시고 여행 가는 가정이 많음을 실감한다. 시대가 많이 변했다.

다음 날 아침 식사를 간단하게 하고 손자들이 동물을 좋아해서 '해피초원목장'에 갔다. 목장에는 동물들을 방목해서 키우고 있었다. 양과 염소, 소 등 동물들이 한가롭게 풀밭에서 풀을 뜯고 있었다. 토끼와 양에게 직접 먹이를 주고 당나귀도 탔다. 당나귀 타기는 1인당 5,000원이었다. 다섯 살 쌍둥이 손자가 무서워할 줄 알았는데 한 명씩 씩씩하게 당나귀 타기 체험을 하여 대견스러웠다.

춘천에 왔으니 춘천 닭갈비는 기본으로 먹어야 한다. 며느리가 미리 춘천이 고향인 친구에게 추천받은 숯불 닭갈비 집으로 갔다. 닭갈비 가게가 많았지만, 가게마다 붐볐다. 우리가 찾아간 가게는 유명한 곳인지 주차장에 들어가는데도 시간이 상당히 걸렸다.

아들과 며느리가 줄을 섰는데 대기 줄이 길었다. 예전에는 명절날 당일에 문 여는 식당이 거의 없어서 집에서 식사할 수밖에 없었다. 명절 점심에 외식하는 사람이 이렇게 많다니, 깜짝 놀랐다. 우리처럼 여행을 온 사람일 수도 있고, 오랜만에 가족이 모여 차례 지내고 점심은 닭갈비로 대접하는 것일 수도 있겠다. 식당은 실내와 야외 테이블, 신관 구관 등 아주 큰 음식점인데도 거의 30분 정도를 기다려서 안내받았다.

닭갈비와 더덕을 숯불에 구워 먹고, 막국수가 세트로 나오는 메뉴를 주문했다. 어른 두 명당 2인 세트를 주문했는데 양은 많지 않았다. 그래도 더덕구이도, 닭갈비도, 막국수도 맛있었다. 줄 서서 기다린 보람이 있었다. 한 살 손자와 쌍둥이 손자는 공깃밥을 주문해서 먹였다. 큰손자 지우는 면을 좋아해서 막국수를 제법 잘 먹었고, 한 살 손자와 작은손자 연우는 나온 반찬과 가지고 간 김에 밥을 말아서 먹였다. 내가 서둘러 먼저 먹고 한 살 손자를 안고 밖으로 나가서 돌봐 주는 사이에 엄마, 아빠도 식사하였다. 아이들이 어려서 식사하는 것이 쉽지는 않았다. 식사를 여유 있고 편하게 해야 하는데 밥이 입으로 들어가는지 코로 들어가는지 정신이 없었다.

겨우 식사를 마치고 축구 좋아하는 작은아들이 춘천에 왔으니 무조건 손흥민체육공원에 있는 카페에는 꼭 가야 한다고 했다. 남이섬에 가려고 했는데 운전하느라 수고하는 아들을 위해 손흥민 카페인 '인필드'에 갔다. 거기도 사람이 많았다. 요즘은 명절에 집에만 있지 않고 우리처럼 볼거리, 즐길

거리를 찾는 것 같다. 카페에서 맛있는 커피와 빵을 주문해서 먹으려고 했는데 대기 줄이 길어서 포기하고 스탠드에 앉아서 공놀이하는 아이들을 보며 잠시 쉼을 가졌다.

커피를 마시지 못한 아쉬움을 뒤로 하고 올라가는 길이 막히면 손자들이 지루할 것 같아서 잠시 쉬었다가 출발하였다.

명절 풍습도 시대에 따라 변한다. 이번 추석 연휴는 6일이나 되다 보니 고향을 방문하고 와도 시간이 남는다. 해외에 나가는 사람도 많지만, 해외여행을 가지 않아도 국내에서도 다양하게 즐길 수 있다. 이번 명절에 소비가 촉진되어 그동안 코로나19로 어려웠던 내수 활성화로 서민 경제가 살아나길 기대해 본다.

며느리가 추석에 가족여행을 하니 좋다며 내년에는 좋은 곳에 일찍 예약하고 여행 가자고 했다. 손자도 즐겁게 놀고, 어른들도 기분 좋은 여행이었다. 괜히 부모인 우리도 나이 들었다고 고집부리지 말고, 바뀐 시대에 적응하며 융통성 있게 살아야겠다.

며느리 선물 사려고

2023년 6월 말 깨진 모임 회비로 겨울 버버리 패딩 코트를 샀다. 그동안 모은 회비를 1/n로 나누었다. 회비 200만 원이 통장에 입금되었다. 통장에 넣고 쓰다 보면 생활비로 흐지부지 들어가 남는 것이 없다. 어렵게 모은 회비라서 요긴하게 쓰고 싶었다. 며칠 있으면 내 생일이어서 자축하는 의미로 큰맘 먹고 겨울 버버리 패딩 코트를 샀다.

오래 입으며 모임 지인들을 기억하고 싶었다. 모임이 깨진 이후로 개인적으로 한두 분은 만났지만, 다 같이 만나지 못했다. 그 사이에 경조사도 없어서 얼굴 볼 기회가 없었다.

버버리 패딩 코트를 사서 옷장에 걸어 두었다. 가끔 걸려 있는 옷을 보며 며느리가 걸렸다. 며느리에게도 좋은 코트를 하나씩 사 주어야겠다고 생각했다. 마침 오늘이 한글날인데 두 아들과 며느리가 모두 쉬었다.

쌍둥이 손자 만 5세인 2023년 가을에 있었던 일이다. 지난 추석 연휴 때

아들 며느리 손자와 함께 추석 명절을 지내는 대신 춘천에 있는 키즈 풀빌라로 가족여행을 다녀오고 얼마 지나지 않았지만, 오늘 다시 만나기로 했다. 큰아들은 수원에 살아서 일요일 저녁에 돌이 지난 손자를 데리고 우리 집으로 왔다. 주말에도 일하기에 저녁 6시에 퇴근하고 오느라 거의 8시에 도착했다.

손자와 가끔 만나다 보니 아직 낯을 가린다. 그래도 할아버지한테는 잘 안겨서 엄마, 아빠 식사하는 동안에 할아버지가 안아 주었다. 장난감 차를 좋아한다고 해서 쌍둥이 손자가 가지고 놀던 장난감 차를 몇 대 가지고 나왔다. 다행히 손자는 장난감 차에 관심을 보이며 잘 놀았다.

다음 날 11시경에 김포 현대 아울렛에서 작은아들네와 만나기로 하였다. 작은며느리가 쌍둥이 옷 사러 자주 가는 곳이다. 비교적 가까운 곳에 있는데 처음 간다.

가는 길 양쪽으로 황금 들녘이 이어졌다. 왠지 황금 들녘을 보니 내 마음도 풍요로워지는 것 같았다. 올여름 태풍이 불고 비도 많이 내렸다. 누렇게 익은 벼를 보며 농부의 수고가 느껴졌다. 곧 햅쌀도 주문해야겠다. 길옆의 가로수도 단풍이 들어서 제법 가을이 느껴졌다.

20여 분 걸려서 김포 현대 아울렛에 도착했다. 쌍둥이네는 벌써 도착해서 하늘정원에 있는 미로에서 놀고 있었다. 돌다리가 있는 수로와 분수대에서 놀고 있는 동영상을 보내왔다. 신나게 노는 손자를 보며 영상을 보는 내내 미소가 지어졌다. 이곳은 꼭 쇼핑하지 않아도 아이들이 놀 수 있는 장소가 있고, 중식, 일식, 양식 등 다양한 음식점도 있어서 사람들이 많이 찾는다.

주차장에 도착했는데 벌써 지하 주차장은 만차라 못 들어가고, 7층까지 있는 지상 주차장 6층에 주차하였다. 벌써 5층 주차장까지 만차였다. 휴일이라 정말 많은 사람이 방문하였나 보다. 주차하고 작은아들에게 전화하였다. 이스트 건물 1층 개구리 동상 앞으로 오라고 했다.

김포 현대 아울렛은 세 개 동이 있다. 이스트 존, 웨스트 존, 타워 존이다. 우리는 타워 존에 주차하고 1층으로 내려가서 이스트 존으로 갔다. 쌍둥이 손자가 먼저 알아보고 할머니를 외치며 뛰어왔다. 예쁜 손자들이다. 쌍둥이 손자는 할머니를 좋아해서 엄마 아빠가 있어도 꼭 내 손을 잡고 다닌다.

오늘 아웃렛에 온 목적이 두 며느리에게 버버리 코트를 사 주는 거다. 1층에 버버리 매장이 있었다. 일찍 도착한 작은며느리가 버버리 매장에 다녀왔는데 코트가 없다고 했다. 어쩌나. 백화점으로 가야 하나 잠시 고민이 되었다. 쌍둥이 손자가 배고프다고 해서 우선 식사부터 하기로 했다.

식당가로 갔다. 작은아들과 며느리가 각각 중국집과 아웃백에 줄을 섰다. 먼저 자리 나는 곳에 가기로 했다. 20여 분 지났는데 아웃백에 먼저 자리가 났다. 스테이크와 스파게티, 샐러드를 시켰다. 아이들이 있어서 식사 시간은 늘 분주하다. 손자들 밥 먹이며 분주했지만 그래도 맛있게 먹었다. 손자들도 조금 컸다고 잘 먹어서 마음이 좋았다. 커피는 테이크아웃 해 준다고 해서 아이스커피를 주문해서 가지고 나왔다.

아웃렛에 온 김에 손자들 옷을 사야 해서 타워 존 유아동 매장으로 갔다. 거기도 사람이 정말 많았다. 유모차에 아기를 태우고 온 젊은 엄마 아빠가 많았다. 가끔 쌍둥이 유모차도 보였다. 손자가 쌍둥이다 보니 쌍둥이가 눈에 잘 띈다. 다음에는 가능하면 평일에 오자고 했다. 그나마 손자들 옷을 사서 다행이었다.

아웃렛에 간 이유가 며느리 코트 사는 거였는데 결국 손자 옷만 샀다. 다시 만나서 쇼핑하는 것도 힘들 것 같아서 며느리에게는 통장으로 입금해 줄 테니 예쁜 코트나 필요한 것 사고 인증 사진을 꼭 보내라고 말했다. 나도 통장으로 받으면 그냥 생활비 등으로 쓰고 결국 남는 것이 없어 직접 사 주려고 했던 것인데 어쩔 수 없었다.

가족이 모두 모여서 행복했다. 며느리에게 코트를 사 주지 못했지만, 며느리가 여유 있게 쇼핑하고 인증 사진을 보내기를 기대해 본다. 어쩌면 오늘 사지 못한 것이 더 잘된 것인지도 모른다. 혼자서 천천히 둘러보고 마음에 드는 옷을 사는 것이 좋을 수도 있다.

얼마 지난 후에 작은며느리가 먼저 예쁜 코트를 사서 입고 사진을 찍어 보내주었다. 돈이 남아서 코트를 두 개 샀다고 했다. 나중에 큰며느리는 코트는 마음에 드는 것이 없어서 작은 가방을 샀다고 인증 사진을 보내왔다. 얼마 안 되는 돈이었지만 두 며느리에게 선물할 수 있어서 내가 더 기쁘다.

며느리가 마음에 드는 것을 사서 다행이다. 받는 것보다 주는 것이 더 행복한 일임을 오늘 느껴 본다.

쌍둥이 손자의 소원, 지하철 타기

2024년 1월, 한 달만 있으면 쌍둥이 손자가 만 6세가 된다. 쌍둥이 손자가 2주 만에 이번 주말에 왔다. 올 때마다 관심도가 달라진다. 얼마 전까지는 세계 국기에 관심이 많아서 영상도 세계지도와 국기만 보았다. 세계지도 퍼즐을 맞추고 국기 색칠하기 등을 하며 놀았다. 그 많은 나라 이름과 수도, 국기를 다 외웠다.

그러다가 역사에 관심을 가져 고구려, 백제, 신라, 고려, 조선 등을 말했다. 이해를 하는 건지 신기했다. 노래도 〈우리나라를 빛낸 100인의 위인들〉을 다 외워서 불렀다. 쌍둥이 손자는 크리스마스 연휴에 엄마 아빠와 3박 4일로 경주에 다녀왔다. 경주에 가면 첨성대와 불국사, 커다란 왕릉을 보고 싶다고 하더니 잘 보고 왔다.

그러던 쌍둥이가 이번 주는 지하철에 푹 빠졌다.

"할머니, 검암역에서 공항철도 갈아타고 서울역에 가서 1호선 타고 소요

산역에 가고 싶어요."

"거긴 아주 멀어서 2시간도 더 걸릴 텐데."

"괜찮아요. 참을 수 있어요."

쌍둥이 손자가 수도권 노선을 거의 다 외웠다.

마침 토요일에 쌍둥이 아빠가 회사에 일하러 갔다. 남편이 쌍둥이 손자 소원도 들어줄 겸 지하철 타고 인천공항에 가서 어묵을 사 오자고 했다. 예전에 한번 남편이 인천공항 2터미널에서 부산 어묵을 사 온 적이 있었는데 맛있게 먹었다.

지하철 타러 간다는 소리에 쌍둥이 손자는 신났다. 외출 준비하고 쌍둥이 손자와 지하철을 타러 갔다. 나가 보니 날씨가 별로 춥지 않았다. 양쪽 손에 손자를 한 명씩 잡고 신나게 걸어갔다. 지하철역이 바로 아파트 앞이라 금방 도착했다.

지하철역에 도착하자마자 지하철 노선도를 쳐다본다. 오늘 갈 노선을 확인하는 거다. 벌써 노선도를 다 외워 다음 역을 말했다. 인천 2호선을 타고 검암역에서 공항철도로 갈아탔다.

"할머니, 지하로 다니면 지하철이고, 지상으로 다니면 전철이지요?"

라고 작은손자 연우가 말했다. 똑똑한 손자다.

한낮이라서 그런지 사람이 많지 않았지만, 좌석은 경로석 두 자리만 비어 있었다. 경로석에 앉아 계신 어르신이 옆으로 옮기고 자리를 내어 주셔서 신발을 벗기고 창문 쪽에 앉혔다. 창밖으로 보이는 것이 다 신기한 듯 목소리가 커졌다. 영종대교를 지날 때 다리 이름을 물어보며 즐거워했다.

운서역에 도착하자 지난번에 와 봤다며 아는 척을 했다. 지난가을에 운서역에 내려서 쌍둥이 손자와 건강 백 년 길에 다녀온 적이 있었다. 아이들은 기억력이 참 좋다. 드디어 인천공항 2터미널에 도착했다. 엘리베이터를 타고 어묵 가게가 있는 곳으로 올라갔다.

여행객이 많지 않은 것 같았는데 음식점마다 사람들이 가득했다. 쌍둥이 손잡고 남편을 따라갔는데 남편이 가게를 못 찾아서 안내원에게 물어보았다. '가는 날이 장날'이라고 그사이에 어묵 가게가 폐점했다고 했다. 이런 일이 있다니, 이럴 땐 할 말이 없다.

남편이 맛있는 짜장면집이 있다고 먹고 가자고 했더니 쌍둥이는 집에 가서 사리곰탕면을 먹겠다고 했다. 쌍둥이는 입이 짧은 편이라 잘 먹지 않는다. 그래도 짜장면은 먹을 줄 알았는데 안 먹는다고 해서 아쉬운 마음이 들었지만, 다시 공항철도를 타러 내려갔다.

아직은 씩씩하게 잘 걸어 다닌다. 돌아오는 지하철에 사람이 많지 않아서 유리창이 있는 가운데에 자리 잡았다. 신발을 벗고 아예 올라앉아서 창밖을 내다보며 출발했다. 올 때보다 힘이 없다. 집에 있으면 낮잠 잘 시간인데 졸린 모양이다. 큰손자가 청라국제도시 역쯤에서 자기 시작했다.

검암역에 내리자 잠이 안 깨서 안아 달라고 했다. 할아버지가 큰손자 지우를 안고 내가 가방을 들고 작은손자 연우 손을 잡고 걸었다. 다행히 지우가 2호선 열차를 갈아탈 때 잠이 깨서 집에 잘 도착했다.

도착하자마자 사리곰탕면을 많이 삶아 달라고 해서 두 개를 삶았다. 점심 때가 지나서 배가 고플 거다. 사리곰탕면 두 개를 하나씩 싹싹 다 먹고 연우는 바나나까지 먹었다. 오늘은 낮잠 안 잔다며 논다. 남편과 나는 오다가 상가에서 사 온 순대와 떡볶이로 점심을 때웠다. 그것도 꿀맛이었다.

가까울 것 같은 인천공항 2터미널 역에 다녀오느라 왕복 2시간 정도 걸렸다. 그래도 쌍둥이 손자가 좋아해서 잘 다녀왔다. 다음에는 서울역에도 꼭 가자고 했다. 그까짓 소원쯤이야 할머니 할아버지가 얼마든지 들어줄 수 있단다. 그저 우리 쌍둥이 건강하게만 자라렴.

쌍둥이 손자와 노는 것은 언제나 즐겁다. 지하철 타기 등은 조금 귀찮을 수 있지만 손자가 좋아하면 위험한 일이 아닌 이상 모두 들어주려고 한다. 오늘 공항철도를 타고 인천공항에 다녀왔지만, 다음에는 반대로 서울역에도 다녀오고 싶다고 하니 기회를 봐서 다녀와야겠다.

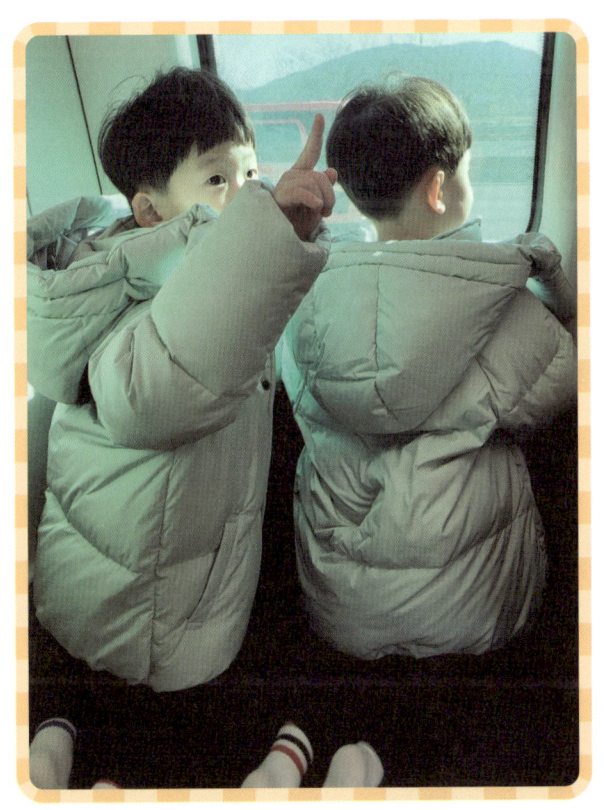

할머니 고향 강릉 겨울 여행

쌍둥이 손자가 만 6세가 지났다. 2024년 2월 말이 친정엄마 일주기여서 주말에 고향인 강원도 강릉에 내려가야 했다. 남편과 둘이서 KTX를 타고 내려갈까 하다가 남편이 승용차로 가자고 해서 KTX 표를 예매해 두지 못했다. 지난주에 수도권은 물론 강원도 영동 지방에도 눈이 많이 내렸다. 대설 주의보까지 내려서 걱정되었다. 눈이 이렇게 많이 내릴 줄 몰랐다.

눈 소식에 길이 미끄러워 운전이 걱정되었다. KTX로 가면 좋을 듯해서 코레일 예매 사이트에 들어갔는데, 2월 23일과 2월 24일에 서울역 출발, 강릉 도착 모든 시간대가 매진되었다. 남편은 은퇴 전이라 월요일에 출근해야 하기에 일요일에는 올라와야 하는데 올라오는 기차표도 없었다.

눈이 많이 내렸고 주말에 눈 소식도 있었다. 예매한 분들이 혹시 취소하지 않을까 싶어서 예매 사이트에 여러 번 들어가 보았지만, 여전히 예약 취소 표는 없었다. 걱정되어 가족 단톡방에 올렸더니 작은아들이 차가 조금 크니 천천히 가면 괜찮을 거라며 쌍둥이 데리고 같이 가자고 했다. 쌍둥이 손자가 눈을 좋아하니 함께 가서 눈을 보고 오면 좋겠다는 생각이 들었다.

조금 염려가 되었지만, 아들이 운전은 천천히 하면 괜찮을 거라고 했다. 다행히 눈이 내린 이후에 날씨가 따뜻해져서 도로는 괜찮을 거라고 안심시켜 주었다. 이럴 땐 아들이 있어서 든든했다.

토요일 오전 9시경에 출발해서 서울양양고속도로로 달렸다. 수도권은 며칠 사이에 눈이 다 녹아서 그 멋진 눈꽃을 볼 수 없었다. 길에는 눈이 없어서 운전하는 데는 지장이 없었다. 가평휴게소에 들어가려고 하는데 어찌나 차가 많은지 주차가 어려워 그냥 그다음 휴게소로 갔다.

그땐 몰랐다. 눈길에 사람들이 강원도로 많이 가는 것이 이해되지 않았다. 서울양양고속도로에는 터널이 많다. 인제 터널을 빠져나갔는데, 저절로 감탄사가 나왔다. 겨울 왕국이 따로 없었다. 여섯 살 쌍둥이 손자도 손가락으로 가리키며 엉덩이를 들썩들썩하며 신났다. 도로 양쪽으로 보이는 산이 모두 설국이다. 산도 눈으로 덮였지만, 나무의 눈꽃은 겨울 왕국을 방불케 했다.

쌍둥이 손자는 요즘 〈한국을 빛낸 100인의 위인들〉 노래에 빠져서 유튜브를 보며 매일 부른다. 강릉 간다고 하니 신사임당 오죽헌에 꼭 가자고 했다. 노래 가사에

'십만 양병 이율곡 주리 이퇴계 신사임당 오죽헌~~'

을 반복해서 부른다.

혹시 눈이 많이 내려서 오죽헌이 문을 열지 않았을지도 모르니 확인해 보라고 했다. 검색해 보니 오늘은 정상으로 운영하였다. 오죽헌에 도착했는데 토요일이라 주차장에 차가 많았다.

겨우 주차하고 내렸는데 길옆으로 눈이 많이 쌓여 있었다. 인천에서는 한 번도 보지 못한 눈 풍경이었다. 손자는 오죽헌을 보러 왔는데 오죽헌에는 관심이 없고 오직 눈에만 관심이 있었다. 아빠랑 오리 모양 눈사람도 만들고 눈싸움도 하며 정말 신났다.

흰 눈에 한눈 팔린 손자를 겨우 달래서 오죽헌 몽룡실을 구경하고 오죽도 보여 주었지만, 아직 여섯 살이라서 관심이 없었다. 오죽헌 눈 쌓인 마당에서 뛰어다니며 놀다가 감기 걸릴 것 같아서 겨우 달래 차에 태웠다.

친정집에 도착하니 골목에도 눈이 쌓였고 집 마당에도 미처 치우지 못한 눈이 수북이 쌓여 있었다. 정말 강릉에서 눈 구경을 실컷 했다. 사람들이 주말에 많이 내려온 이유를 알겠다. 강릉뿐만 아니라 양양, 속초, 설악산에는 관광객이 더 많지 않을까 하는 생각이 들었다.

왕할머니 보고 싶다고 하던 증손자가 왔으니 하늘나라에 가신 친정엄마도 기뻐하셨을 거다.

다음날 일찍 안목 커피 거리에 갔다. 커피의 고장인 강릉에 왔으니 맛있는 커피 한잔은 마시고 가고 싶었다. 10시면 이른 시간인데 주차를 할 수 없을 정도로 차가 많았다. 우리는 커피를 마실 예정이라 카페 주차장에 주차하고 차와 빵을 주문해서 2층으로 올라갔다.

다행히 카페에는 아직 손님이 많지 않아서 바다가 내려다보이는 가장 좋은 자리를 잡아서 앉았다. 바다를 보러 가자고 손자들이 보채서 차를 마시고 내려갔다. 손자들이 발로 눈을 차며 좋아했다. 아무도 밟지 않은 눈 위에 발자국을 찍으며 신나게 놀았다. 하얀 눈과 푸른 바다가 어우러져 바닷가가 정말 아름다워 한 폭의 그림 같았다.

안목에서 1시간 정도 있다가 길 막히기 전에 출발하자고 해서 아쉬움을 뒤로하고 출발했다. 올라올 때는 대관령으로 올라갔다. 대관령은 안개가 얼어서 눈꽃이 정말 멋있었다. 대관령을 넘어 한참 달리니 눈을 거의 볼 수 없었다. 날씨가 포근해서 내린 눈이 다 녹았다. 강원도 영동 지방과 영서 지방은 정말 다른 세상이었다.

강릉에서 본 눈꽃이 예뻤는데 수도권에는 눈이 없어서 아쉬웠다. 이틀 동안 겨울 왕국에 가서 즐겁게 놀다가 마법이 풀려서 다시 돌아온 기분이었다. 쌍둥이 손자도 겨울 왕국 추억을 오래 간직했으면 좋겠다. 피곤한지 올라오는 차에서 잘도 잔다. 꿈속에서도 눈싸움하며 놀고 있는지 자면서 웃는다.

이틀 동안 운전하느라 작은아들이 고생했다. 덕분에 남편과 나는 편하게 잘 다녀왔다. 우리가 손자를 돌봐 주니 아들이 우리를 도와준다. 눈길이었는데 이번에 함께 내려가 준 아들이 정말 고마웠다.

친정엄마 기일로 간 여행이었지만, 이번 여행으로 그동안 힘들었던 마음이 눈 녹듯이 풀렸다. 강릉에 가서 설국 열차는 못 탔지만, 설국은 잘 보고 왔다.

삼대가 다녀온 여름휴가

　쌍둥이 손자가 만 6세가 지나고 여름에 있었던 일이다. 가장 더운 여름에는 휴가를 안 가려고 했다. 여름에 땀 흘리며 힘들게 다녀오고 싶지 않아서다. 작년 여름에도 남편과 남해 쪽으로 휴가를 다녀왔는데 더워서 힘들었던 기억이 있다. 다녀온 후 더운 여름에는 휴가를 가지 말자고 약속했었다.

　여름휴가 대신 추석 연휴에 가족여행을 가기로 했었다. 작년 추석 연휴에도 가족여행을 다녀왔는데 좋았기에 올 추석에도 가족여행을 가자고 했었다. 모두의 의견을 들어 여수로 가기로 하고 숙소까지 예약해 놓았었다. 명절이라서 승용차로 이동하면 시간이 오래 걸릴 것 같아 비행기로 가려고 했는데 원하는 날 비행기표가 없어서 취소하였다. 대신 가까운 곳으로 가자고 했다. 직장 다니는 아들 며느리 휴가에 맞추다 보니 8월 초로 휴가가 정해졌다.

　손자들이 아직 어려서 모두의 의견을 따라 대부도에 있는 키즈 풀빌라를 예약했다. 작년 추석에도 춘천에 있는 키즈 풀빌라로 2박 3일 다녀왔는데 좋았다. 모든 예약은 작은아들과 며느리와 했다.

이번 휴가는 조금 특별하다. 남편이 올해 칠순이라서 자식들이 휴가지에서 칠순을 축하해 주자고 했다. 요즘 회갑이나 칠순 잔치는 하지 않지만, 가족끼리 축하해 주는 것은 좋다고 생각한다.

이번 휴가 때 워킹 스튜디오 가족 스냅 사진 촬영도 예약했다. 모두 아들 며느리가 한 일이다. 남편이 언제부터인지 가족사진을 찍어서 거실에 걸어 두고 싶어 했다. 스튜디오에서 촬영해도 되지만, 플래시 불빛을 무서워하는 손자가 있어서 자연스럽게 가족사진을 찍기 위해서다.

휴가 전부터 사진 콘셉트를 정하느라 분주했다. 결국 흰 티셔츠와 청바지로 한 번 촬영하고 베이지색 톤으로 한 번, 이렇게 두 가지로 촬영하기로 했다. 손자 세 명 옷은 똑같이 입히면 예쁠 것 같아서 내가 미리 사 두었다. 손자 세 명에게 똑같은 옷을 입히면 생각만 해도 귀여울 것 같다.

나는 원피스를 좋아해서 집에 여러 개가 있는데 하필 베이지색만 없었다. 바지를 입으려고 했었는데 베이지색 원피스를 입으면 예쁠 것 같다는 며느리 말을 듣고 새로 원피스도 샀다. 영원히 남을 사진이라 예쁘면 좋겠다는 생각이 들었다.

출발 당일 출장 메이크업해 주는 분을 집으로 오도록 해서 작은며느리와

메이크업을 받았다. 큰며느리는 수원에 살아서 직접 가는 것이 빨라서 따로 준비하고 오기로 했다. 메이크업은 두 아들 결혼식 때 받아 보고 오랜만이라 정말 설레었다. 다행히 과하지 않고 자연스러워서 마음에 들었다.

며칠 전까지 내리던 장맛비가 그쳐서 다행이다. 대신 불볕더위가 찾아왔다. 휴가 가는데 비가 내리는 것보다 불볕더위가 오히려 반갑다. 요즘 휴가는 여기저기 돌아다니는 휴가가 아니라 쉬며 힐링하는 것이기에 예약한 키즈 풀빌라에서 손자와 아들들은 수영장에서 놀고 우리는 쉬다가 오려고 한다.

금요일에 점심 먹고 출발하였다. 휴가철이고 주말이라서 조금 막힐 것은 각오했다. 오후 5시에 스냅 사진 촬영을 예약해서 조금 넉넉하게 출발했다. 아뿔싸. 30분쯤 가다가 주인공인 남편이 입을 베이지색 양복과 새로 산 내 원피스를 슈트케이스에 넣어 걸어 두었는데 두고 온 걸 알게 되었다. 하는 수 없이 되돌아가서 옷을 챙겨 오느라 시간이 두 배로 걸렸다. 오후 4시가 넘어서 도착하여 촬영할 베이지색 옷으로 갈아입었다.

날씨가 무척 더워서 테마파크에서의 촬영은 취소하고 대신 펜션에서 실내 촬영을 먼저 하기로 했다. 손자들이 노는 것도 촬영하고 가족사진도 자연스럽게 찍었다. 흰 티셔츠와 청바지로 모두 옷을 갈아입고 펜션 옆에 있는 숲속에 가서 다양한 콘셉트로 사진을 찍었다. 정말 더웠지만, 무사히 촬영을 마쳤다. 찍은 사진으로 앨범을 만들 예정인데 정말 기대가 되었다.

다음에 또 워킹 스튜디오 가족 스냅 사진을 찍는다면 더운 여름보다는 날씨 좋은 봄이나 가을을 이용해야겠다고 생각했다. 다행히 손자들도 수영할 생각에 잘 참아 주어서 기특했다.

　작년에 내 생일상도 며느리가 박스 케이터링으로 차려 주었다. 이번 남편 생일상도 큰 며느리가 박스 케이터링을 예약했다. 휴가지 펜션에서 차리는 생일상이라서 번거롭지 않고 다양한 음식을 먹을 수 있어서 좋았다.
　박스 케이터링을 펜션으로 배달하였는데 시간 맞추어 잘 도착하였다. 요즘 참 좋은 세상이다. 아들과 며느리가 떡케이크도 주문해서 가지고 오고 남편 칠순 축하 현수막도 만들고 생일상도 예쁘게 장식해 준 덕분에 제법 칠순 상이 소박하지만, 정성스럽게 차려졌다. 상차림은 남편에게는 비밀로 하고 진행되었는데 남편이 언제 이런 걸 준비했냐며 깜짝 놀랐다.

　휴가의 또 다른 즐거운 점은 맛집을 찾아가는 거다. 대부도에 가 보신 분은 아시겠지만, 포도밭만큼 칼국수 집이 정말 많다. 가리비 칼국수, 백합 칼국수, 해물 칼국수 등 종류도 많다.
　둘째 날 점심으로 칼국수 집에 가서 맛이 궁금했던 백합 칼국수와 가리비 파전을 주문했다. 백합은 조개인데 바지락보다 큰 조개였다. 칼국수 먹으며 땀을 좀 흘렸지만, 국물 맛도 진했고 백합 조개도 많이 들어 있어서 칼국수가 정말 맛있었다. 또 먹고 싶은 맛이었다. 손자들은 밥을 국물에 말아 먹기도 하고 국수 좋아하는 큰손자는 국수를 잘 먹었다.

이번 휴가는 남편 칠순을 기념하기 위해 시간을 맞추어 삼대가 함께 다녀왔다. 가끔 만나서 낯을 가리던 두 살 손자도 사촌 형들과 잘 놀았고, 할머니 할아버지와도 조금 친해지는 계기가 되었다. 2박 3일 짧은 기간이었으나 그 안에서 가족의 따뜻한 정을 나누기에는 충분했다. 이번 휴가를 계획하고 준비해 준 아들 며느리가 고마웠다. 올해 여름휴가는 오래도록 기억에 남을 것 같다.

처음 타 본 지하철 4호선

2024년 4월 중순에 충무로에서 한반도 문학 신춘문예 신인상 시상식과 봄호 출판 기념회가 있었다. 처음에는 남편과 둘이 갈까 생각하다가 지하철 타는 것을 좋아하는 쌍둥이 손자를 데리고 가자고 했다. 일부러라도 가는데 기회 있을 때 데리고 가면 좋겠단 생각이 들었다. 공항철도를 타고 서울역에서 4호선으로 갈아타면 되기에 손자에게 좋은 경험이 될 것 같았다.

영상 통화하다가 만 6세 쌍둥이 손자에게
"지우 연우, 지하철 타고 충무로 갈까?"
그러자 망설임 없이 바로
"좋아요. 갈래요."
라고 말했다.

주말에 작은아들과 쌍둥이 손자가 왔다.

"지우 연우! 충무로 가려면 할머니 동시 읽어야 하는데……."

동시가 뭐냐며 꼭 읽어야 하냐고 묻는다. 집에서 몇 번 연습하였지만, 아직 유치원생이라 걱정이 되었다.

이번에 한반도 문학 봄호 신춘문예 동시 부문 신인상을 받았다. 시상식에서 시와 동시 수상자는 지은 시를 낭독하고, 수필 수상자는 소감으로 인사말을 대신한다. 동시를 내가 읽는 것보다 여섯 살 손자가 읽으면 좋겠다는 생각이 들었다. 혹시 실수해도 어리니까 오히려 귀여울 것 같았다.

시상식이 11시라 서둘러 준비하였다. 손자에게 주먹밥을 만들어 먹이고 우리도 만들어 둔 샐러드빵을 커피와 먹었다. 작은아들이 같이 간다는 말이 없어서 안 갈 줄 알았는데 함께 간다고 해서 마음이 놓였다. 손자 둘을 데리고 외출하는 것은 쉬운 일이 아닌데 아빠가 함께 가니 든든했다.

손자는 출발하기 전부터 신났다. 옷을 입혔더니 현관에 먼저 나가서 기다렸다. 민들레꽃 좋아하는 작은손자 연우는 걸어가며 민들레꽃을 하나씩 꺾어 들고 갔다. 영산홍이 피려고 분홍 입술을 삐죽이 내밀고 라일락이 향기를 전해 준다. 세상이 온통 꽃 잔치다. 이렇게 좋은 계절에 시상식을 하게 되어 참 좋았다.

검암역에서 공항철도로 갈아타고 서울역까지 갔다. 마침 검암역에서 출발하는 열차라서 모두 자리를 잡고 앉았다. 창밖으로 보이는 풍경을 바라보며 좋아하는 손자들이 귀엽다. 한강을 건널 때는 혹시 손자들이 좋아하는 롯데타워가 보일까 봐 기대했는데 미세먼지 때문인지 보이지 않아서 손자들이 무척 서운해했다.

서울역에서 4호선을 갈아타는 구간이 길었지만, 할아버지가 길을 잘 알아서 헤매지 않았다. 충무로역은 서울역에서 몇 정거장 안 되어 금방 도착했다. 시상식 장소는 대한극장 옆에 있는 한국문학협회 명성 문화예술 센터였다. 장소도 대표님이 무료로 대여해 주셨다고 했다. 지하도에서 꽃다발을 사서 시상식 장소에 갔다.

이번 시상식에는 내가 작가로 활동하고 있는 글쓰기 플랫폼 브런치 스토리의 글벗 두 명이 함께 수상하게 되었다. 늘 글로 만났는데 이렇게 직접 얼굴 뵐 수 있어서 반가웠다. 처음 뵙는데도 오래 만난 분처럼 친근하게 느껴졌다. 인사를 나누고 시상식이 시작되었다. 수상패도 그동안 받은 어떤 것보다 예뻤다.

드디어 두 번째 우리 차례가 되었다. 연우는 부끄러움이 많아서 오늘은 지우와 둘이서 무대로 나갔다. 가볍게 인사말을 전하고 지우가 낭독할 차례가 되었다. 낭독할 동시를 펼치는데 끼운 종이가 케이스에서 떨어져서 회장님 도움으로 무사히 끼우고 시작할 수 있었다. 지우에게 마이크를 대 주고 속으로 함께 읽었는데 다행히 잘 읽었다. 중간에 연우가 샘이 났는지 나와서 함께 인사하고 들어갔다.

충무로는 얼마 만인지 모르겠다. 몇십 년은 된 것 같다. 감회가 새로웠다. 아직 봄인데 날씨가 28도라 여름 날씨다. 손자에게 반팔을 입히고 겉에 카디건을 입히길 잘했다. 카디건을 벗기고 반팔로 다녔다. 2부 출판 기념회에서 사무국장님의 시 낭송이 있었다. 무척 감동되었다. 시 낭송을 들으며 2학기 노인 복지관 수업으로 시 낭송을 신청해야겠다고 생각했다.

식이 끝나고 시상식에 참가한 회원들과 점심을 먹고 헤어졌다. 다른 문예지 시상식에도 가 보았지만, 소박하지만 정성이 담긴 시상식이라 좋았다.

돌아오는 길에 다시 지하철을 탔다. 지하철을 갈아타려면 서울역에서 많이 걸어야 했다. 지하철 타는 것은 좋아하는데 아직 어려서 걷는 것은 힘든가 보다. 안아 달라고 했지만, 아빠가 안 된다고 하니 내 손을 잡고 걸었다. 서울역에 도착해서 공항철도 갈아타는 곳으로 내려갔다.

공항철도는 서울역에서 출발하기에 앉아서 갈 수 있다. 창문이 있는 곳에 자리 잡고 출발했다. 한강대교를 지날 때 롯데타워가 보이는지 또 확인했지만, 갈 때처럼 보이지 않았다. 쌍둥이 손자가 실망이 컸다.

그래도 오늘 쌍둥이 손자는 공항철도와 4호선 지하철을 타 본 것만으로 좋아했다. 지난겨울에 서울역에 한 번 가 보았지만 처음으로 4호선까지 탔으니 쌍둥이 손자에게는 좋은 추억이 되었다.

오늘 시상식에서 손자와 함께 동시 낭독한 것은 추억이 되어 오래 기억될 것이다. 쌍둥이 손자가 한글을 일찍 깨친 덕분에 글을 자연스럽게 읽을 수 있어서 동시 낭독을 잘했다. 오늘은 손자 키운 보람이 느껴진 행복한 하루였다.

쌍둥이 손자와 첫 해외여행

1일 차: 푸꾸옥에 도착, 빈펄 원더월드 리조트 내 풀빌라

2025년 2월 17일부터 3박 4일로 올해 초등학교에 들어가는 쌍둥이 손자를 축하해 주기 위해서 베트남 푸꾸옥에 다녀왔다. 쌍둥이 손자가 만 7세가 되었을 때다. 도착 다음 날이 쌍둥이 손자 유치원 졸업식이라 목요일에 귀국해야 했다. 3박 4일은 조금 짧게 느껴졌고 최소한 4박 5일 정도면 좋겠다는 생각이 들었다. 올해 초등학교에 들어가는 쌍둥이 손자와 작은아들, 며느리 그리고 우리 부부 모두 여섯 명이 다녀왔다. 예약은 10월에 미리 하였고, 아침 10시 대한항공 편으로 출발했다.

푸꾸옥 여행은 한 마디로 여유와 편안함이었다. 이곳이 베트남인지 제주도인지 모를 정도로 모든 것이 편했다. 여행객 중 80%는 한국 사람이었고 베트남 사람들이 친절했으며 어느 정도 한국말도 알아들어서 불편함이 없었다. 간단한 영어와 한국어로 소통할 수 있었다. 푸꾸옥은 제주도에 여행 가면 한국 사람 속에 외국인이 더러 섞여 있는 그런 느낌이었다. 11월부터 2월까지가 건기라 푸꾸옥 여행하기가 좋다고 하더니 비가 거의 내리지 않았고 날씨도 좋았다.

아직 방학 기간이라서 인천공항은 여행객으로 붐볐다. 모든 것은 아들 며느리가 주관하였고, 우리는 그저 따라가는 처지였다. 남편이 70세 이상이고, 쌍둥이 손자가 어려서 교통 약자 출국 우대 서비스를 이용하여 패스트트랙으로 출국할 수 있었다. 교통 약자 1인당 세 명까지 동행할 수 있어서 여섯 명이 기다리지 않고 빠르게 출국 수속을 받았다. 면세점에서 필요한 것을 사고 면세점 2층에 있는 대한항공 프리미엄 라운지에서 아침 식사하였다. 아들이 스카이패스 모닝캄 회원이라 짐도 편하게 부치고 대한항공 라운지도 이용할 수 있었다.

10시 비행기라서 콜밴을 이용하여 아침 6시 30분에 출발하느라 아침을 먹지 않고 왔기에 라운지에서 조식 뷔페로 가볍게 아침 식사하였다. 다양한 음식이 있었으나 평소처럼 빵과 샐러드, 과일, 커피로 가볍게 먹었다. 쌍둥이 손자도 좋아하는 음식으로 잘 먹었다.

예약한 콜밴은 아들네를 태우고 우리 집 앞에서 우리를 태우고 공항 입구에서 내려 주어 영하의 날씨지만, 복장도 반팔 위에 후드티 정도만 입었다. 왕복으로 예약하여 돌아올 때도 밤 11시가 넘었는데도 공항에서 집까지 데려다주어서 참 편리했다.

비행기 탑승 시간이 남아서 아들 며느리가 면세점을 이용하는 동안 쌍둥이 손자와 대한항공 라운지에서 편하게 기다렸다. 쌍둥이 손자가 요즘 항공기에 관심이 많아서 이륙하는 비행기를 보며 항공사를 알아맞히며 노느라 탑승 수속을 기다리는 동안도 지루하지 않았다.

공항이 붐벼서 혹시 연착되면 어쩌나 걱정했는데 비행기는 10분 정도 연착이 되었다. 무사히 이륙하여 5시간 10분 정도 걸려서 푸꾸옥 국제공항에 도착했다.

푸꾸옥에 갈 때는 아들 며느리가 둘이 앉아서 가고, 쌍둥이 큰손자는 할아버지와 작은손자는 나와 앉아서 갔다. 5시간을 잘 참고 갈까 걱정했는데 중간에 잠시 잤지만, 모니터로 비행기 운항 정보 지도를 보며 잘 앉아 있었다. 손자 기내식은 미리 스파게티를 주문해서 어른 식사보다 먼저 나왔다. 맛이 없는지 많이 먹지 않고 남겼다. 나는 늘 그렇듯 비빔밥을 먹었다.

푸꾸옥 국제공항은 그리 크지 않았다. 아들이 미리 인터파크에서 패스트 트랙을 예약하여 긴 줄을 서지 않고 피켓을 들고 있는 분을 만나서 빠르게 입국 심사를 받을 수 있었다. 캐리어를 찾아서 빈펄 원더월드 셔틀버스 타는 곳으로 이동했다. 베트남 날씨가 30도가 넘어서 무척 더웠다. 손자가 덥다며 가지고 간 손 선풍기를 달라고 했다.

이번에 여행한 곳이 푸꾸옥 북부라서 숙소를 빈펄 원더월드 리조트로 예약하였다. 빈펄 그룹은 베트남의 삼성 같은 곳이라고 했다. 공항에서 리조트까지는 50분 정도 걸렸는데 리조트 셔틀버스를 이용할 수 있어서 편했다. 리조트 로비에 도착하니 푸꾸옥에 여행하러 온 것이 실감이 났다. 대부분이 한국 사람이어서 여기저기서 들리는 한국말에 꼭 제주도에 여행하러 온 것처럼 편했다. 아들과 며느리가 체크인하는 동안 쌍둥이 손자와 리조트에서 준 주스를 마시며 소파에서 기다렸다.

잠시 후에 안면 사진을 식구대로 찍었다. 조식 먹을 때나 빈펄 사파리, 빈 원더스 입장 시 안면 인식으로 편하게 입장하기 위한 거였다. 드디어 로비 앞에서 툭툭이를 타고 숙소로 갔다. 숙소는 3221호로 툭툭이를 탈 때마다 말해야 했다. 빈펄 원더월드 리조트는 단층과 복층으로 된 풀빌라로 로비까지는 늘 버기카 툭툭이로 이동했다. 툭툭이를 호출하면 10분 정도 후에 숙소 벨을 눌러 주어 그때 나가서 타면 되었다. 우리 숙소는 오션뷰 단층 리조트로 예약하여 로비에서 툭툭이로 2~3분 거리에 있었다. 풀빌라는 방이 세 개, 화장실이 세 개로 꽤 넓었고 뒤쪽에 전용 풀이 있었는데 오션뷰 숙소라서 바로 바다와 연결되었다. 쌍둥이 손자는 풀장을 보는 순간 수영한다고 수영복을 찾았는데 내일 하자고 겨우 달랬다. 거실도 욕실도 침실도 쾌적해서 지내는 동안 전혀 불편함이 없었다.

숙소에서 짐을 풀고 쉬다가 저녁 먹으러 그랜드 월드 쪽으로 나갔다. 외부로 나갈 때는 숙소에서 툭툭이를 불러 로비까지 가고 거기서 빈펄 원더월드 리조트에서 무료로 운영하는 셔틀버스를 타고 나가면 되었다.

첫날은 한국식당에서 먹었다. 며느리가 찾은 곳인데 후기가 좋은 집으로 삼겹살 구이와 김치찌개, 뚝배기 불고기와 모닝글로리 볶음 등을 먹었는데 정말 맛있었다. 특히 김치찌개는 푹 익어서 한국에서 먹었던 김치찌개보다 맛있었다. 구워서 나온 삼겹살도 잘 구워져서 정말 고소하고 맛있었다. 잎이 큰 로메인상추와 알배기 배추를 쌈으로 주었는데 싱싱해서 고기에 싸서 잘 먹었다. 쌍둥이 손자도 고기와 밥을 잘 먹었다.

푸꾸옥에 갈 때 달러만 조금 환전해 가서 ATM기에서 베트남 돈을 찾았다. 저녁값은 카드가 안 되어서 달러로 냈고, 근처 편의점에서 필요한 것을 사서 툭툭이를 타고 숙소로 돌아왔다. 푸꾸옥은 한국 사람이 많이 여행하는 곳이어서 편의점에 한국 라면과 컵라면, 과자, 소주, 맥주 등이 있었다. 혹시 몰라서 손자가 먹을 우동과 짜파게티, 컵라면, 생수, 팩 우유 등을 샀다.

마침 리조트로 돌아갈 때는 길가에 세워진 툭툭이를 탔는데 한국 돈으로 5,000원 정도였다. 하지만 가격이 늘 같지 않아서 타기 전에 꼭 가격을 확인해야 한다.

숙소에는 드라이기와 목욕용품, 일회용 칫솔과 면도기 등이 있었다. 드라이기 성능도 좋았고 목욕용품도 나쁘지 않아서 챙겨간 것은 거의 사용하지 않았다. 여행 첫날은 짐 풀고 저녁에 간단하게 야식을 먹으며 마쳤다. 가지고 간 샤워기 필터를 샤워기와 교체하고 씻고 정말 푹 잘 잤다. 오는 날 필터를 확인하니 3일 사용하였는데 누렇게 물든 필터를 확인할 수 있었다. 푸꾸옥에 여행 갈 때 샤워기 필터를 가져가면 안심하고 샤워할 수 있다. 베트남은 우리나라보다 2시간이 늦어 시간이 더디게 가는 느낌이었다. 두 시간을 벌었다.

푸꾸옥에 도착한 첫날, 우리 집처럼 잠도 잘 자고 편안하게 보냈다.

2일 차: 빈펄 사파리, 물놀이, 바비큐 파티와 불 쇼

지난밤 조금 늦게 잠들었는데 내 집처럼 푹 잤다. 아침에 쌍둥이 손자가 우리 방에 와서 벌써 해가 떴다며 일어나라고 재촉했다. 시계를 보니 6시 30분이었다. 한국으로 따지면 8시 30분이니 일어날 시간이 맞았다.

오늘은 오전에 빈펄 사파리에 가고 오후에는 물놀이하기로 했다. 거실에 나가서 잠시 뒤쪽 바닷가 풍경을 보고 아침 식사하러 갈 준비를 하였다. 조식은 리조트 로비 건물 식당에서 먹기에 툭툭이를 불러서 타고 갔다. 로비 건물 식당은 1층과 2층에 있는데 오늘은 1층 식당에서 먹었다. 미리 얼굴 사진을 찍어두어 안면 인식으로 바로 입장했다. 식당은 꽤 넓었고 음식도 많았다.

며느리가 손자 밥을 챙기는 동안 잠시 기다렸다가 음식을 가지러 갔다. 여행 가서 내가 가장 좋아하는 것이 호텔 조식이다. 빵을 좋아하기에 다른 음식은 거의 먹지 않았고 3일 내내 샐러드와 빵, 과일, 커피 정도로 아침을 먹었다. 첫날은 몇 가지 빵을 먹었는데 에그타르트가 맛있었고, 둘째 날엔 아들이 추천해 준 직접 만들어 주는 베트남 샌드위치를 먹었는데 맛있었다.

세 번째 날 조식은 쌀국수와 달걀프라이와 과일을 먹었는데 나는 완숙을 좋아해서 만들어 주는 직원에게 무심코

"노른자 터트려 주세요."

라고 말했더니 알아듣고 완숙으로 만들어 주었다. 리조트 직원들이 한국말을 알아들어서 한국처럼 편하게 식사할 수 있었다.

식사 후 리조트 안내에서 빈펄 사파리 입장권을 산 후 호텔 셔틀버스를 타고 출발했다. 사파리에는 이미 많은 관광객이 줄을 서 있었지만, 안면 인식으로 바로 들어갈 수 있었다. 날씨가 더워서 손자에게 손 선풍기를 주었다. 입구에는 홍학이 한가롭게 놀고 있었고 조금 걷다가 트램 표를 사서 트램을 타고 이동했다. 아들이 VIP ZOO 투어를 예약해서 가족끼리 이동하려고 했는데 이미 마감이 되어 예약하지 못했다.

트램에는 외국인도 있었는데 신기하게 베트남어와 한국어로만 설명해 주었고 안내원도 서툴지만, 한국말로 안내해 주어 즐겁게 관람할 수 있었다. 그만큼 푸꾸옥 방문자 중 한국 사람들이 가장 많음을 실감했다.

코끼리 마을에서 코끼리 먹이로 작은 바나나를 사서 쌍둥이 손자와 먹이 주기 체험하였고, 기린 레스토랑에서 풀을 사서 기린에게 먹이를 주었다. 조류관에서는 큰손자가 앵무새를 손에 올려놓는 체험을 하였는데 작은손자는 안 한다고 해서 구경만 하였다. 체험을 끝내고 큰손자가 앵무새가 손을 꼬집었다고 말해서 손이 조금 아팠나 하는 생각을 하며 함께 웃었다. 조류관에는 새들이 먹을 수 있게 옥수수와 과일 등을 나무에 매달아 놓은 것이 인

상적이었다. 트램을 타고 이동하며 코끼리, 코뿔소, 백사자, 얼룩말, 가젤, 낙타 등 정말 다양한 동물을 보았다. 작년 8월에 다녀온 케냐 나이로비 국립공원보다 훨씬 많은 동물이 있었다. 특히 얼룩말은 100여 마리라고 했다.

빈펄 사파리 관람을 마치고 셔틀버스를 타고 다시 빈펄 원더월드 리조트로 돌아와서 누룽지와 컵라면, 햇반, 김 등으로 간단하게 점심을 먹었다. 쌍둥이 손자도 김에 싸서 밥을 잘 먹었다. 저녁은 리조트에 바비큐 파티를 예약해 두었다.

쌍둥이 손자가 물놀이하는 것을 좋아해서 전용 풀장과 바다를 오가며 물놀이하는 동안 나와 며느리는 스파에 가서 마사지를 받았고, 남편은 리조트 안에 있는 사우나에 혼자 갔다. 남편 혼자 툭툭이를 타고 가야 하는데 걱정했던 것과는 달리 우리가 도착하기 전에 남편이 먼저 숙소에 와 있었다.

마사지는 그랜드 월드에 있는 한국 사람이 운영하는 '조아 스파'에 갔는데 며느리가 한국말로 카톡으로 예약하고 소통했다. 리조트 로비에서 픽업해 주고 마사지가 끝나면 다시 데려다주어 편했다. 가격도 리조트 내 스파의 반값이면 되었다. 우리는 아로마 스톤 마사지를 받았다. 마사지 받기 전에 아로마 향, 집중적으로 받고 싶은 부위, 마사지 세기 등을 확인하였다. 여행 가서 마사지를 많이 받아 보았는데 따뜻한 스톤으로 하는 마사지는 처음이었다. 90분 동안 정말 편안하고 시원하게 받았는데 아픈 곳이 풀리고 힐링이 되었다. 끝나고 마시는 코코넛 워터도 좋았다.

숙소에 돌아오니 쌍둥이 손자가 물놀이를 마치고 유튜브를 보고 있었다. 베트남이지만 유튜브도 한국어로 볼 수 있었다. 틈틈이 핸드폰도 하며 잘 놀고 있었다. 내가 산책하러 가자고 했더니 좋다며 벌떡 일어났다. 손자들이 평소에도 산책하는 것을 좋아해서 핸드폰만 들고 셋이서 로비 층 반대쪽으로 걸어갔다. 산책길에는 야자수가 많았고 야자열매도 달려 있었는데 연못에는 연꽃도 피어 있었다. 풍경이 정말 아름다웠다. 그쪽은 주로 복층 빌라가 있었고 끝 쪽에 길이 막혀 있어서 30분 정도 산책하고 돌아왔다.

저녁은 로비 층 뒤쪽에 있는 수영장 주변에서 하는 바비큐 파티와 불 쇼를 보러 갔다. 예약할 때 좋은 자리를 준다고 하더니 정 가운데 자리를 주어 불 쇼하는 무대 정면에서 불 쇼를 관람할 수 있었다. 수영장 옆에 차린 뷔페에는 랍스터를 비롯한 바비큐 등 다양한 음식이 차려져 있어서 식사하며 불 쇼를 관람했다. 불 쇼는 30분 정도 진행되었는데 남자와 여자 한 명이 열정적으로 다양한 쇼를 진행하였고, 마지막에는 관람석에 와서 불 쇼를 하여 조금 긴장하며 즐거운 시간이 보냈다. 가격은 조금 비쌌지만 볼만한 쇼였다.

2일째 여행도 쌍둥이 손자와 즐겁고 여유 있게 잘했다. 푸꾸옥의 치안이 안전한 것도 좋았고, 사람들이 친절한 것도 마음에 들었다.

3일 차: 수영, 빈 원더스, 그랜드 월드, 베트남 식당

오늘 아침도 어김없이 쌍둥이 손자가 와서 깨운다. 할머니는 조금 더 잔다고 했더니 오른쪽에는 큰손자가 왼쪽에는 작은손자가 평소처럼 눕는다. 우리 집에서 같이 잘 때도 늘 오른손은 큰손자가, 왼손은 작은손자가 잡고 자는데 방향이 늘 한결같다.

오늘은 조식 먹은 후에 로비 수영장에서 수영하고 오후에 놀이공원과 아쿠아리움, 워터파크가 있는 테마파크 빈 원더스에 가기로 했다. 숙소 전용 풀에는 벌레가 몇 마리 떠다녀서 정원을 관리하는 분에게 말했더니 잠자리채로 벌레를 제거해 주었다. 저녁에 숙소에 돌아와서 보면 문에 작은 도마뱀이 붙어 있다가 인기척을 듣고 도망가는 모습을 볼 수 있는데 벌레를 무서워하지 않는 쌍둥이 손자는 따라다니며 본다. 동물을 무서워하는 며느리는 질색하는데 엄마를 놀리려고 손자가 더 큰 소리로 "엄마, 도마뱀!" 하며 외치는 모습이 귀엽다.

조식을 로비 층 식당에서 먹기에 출발할 때 모두 옷 속에 수영복을 입고 출발했다. 로비 층 수영장은 얕은 곳과 1m 10cm 정도 되는 수영장이 있고 꽤 넓었다. 튜브와 구명조끼를 빌릴 수 있는데 튜브는 유료였다. 쌍둥이 손자가 깊은 풀에서 논다고 해서 구명조끼와 작은 튜브를 빌렸다. 아이가 어린 집은 튜브를 가져와서 태우기도 했다. 선베드가 놓여있어서 수영하다 쉴 수도 있고 수영장 안에 음료와 차 등을 마실 수 있는 카페도 있어서 수영하는 중간에 며느리와 커피를 시켜 마셨다. 물속에서 마시는 카페라테는 천국의 맛이었다.

쌍둥이 손자는 물놀이를 정말 좋아한다. 처음 키즈 풀빌라에 갈 때는 물을 무서워했는데 여러 번 가다 보니 잠수도 하고 다이빙도 하며 잘 논다. 구명조끼를 입혀 주면 수영도 하고, 아빠한테 물에 던져 달라고 하며 지칠 줄을 모른다. 오전에는 약간 흐려서 물놀이하기에 안성맞춤이었다. 로비 수영장에서 2시간 정도 놀았는데도 쌍둥이 손자는 지치지 않고 더 논다고 나오질 않았다. 여행 갈 때 래시가드와 아쿠아 슈즈를 준비해서 나도 오랜만에 수영하였다. 예전에 배운 수영을 몸이 기억해서 그런대로 평형과 배영을 하며 쌍둥이 손자 앞에서 할머니 수영 솜씨를 자랑했다.

오후에 빈 원더스에 가야 해서 수영을 더 하고 싶다는 손자에게 숙소 수영장과 바다에서 놀자고 달래서 툭툭이를 타고 숙소로 돌아왔다. 수영장에서 큰 수건을 빌려주어 물기를 닦고 왔다.

수영복을 헹구어 수영장 주변에 널었는데 갑자기 비가 내렸다. 주섬주섬 수영복을 걷어서 실내에 널었는데 조금 지나니 언제 비가 왔냐는 듯 하늘이 맑아졌다. 물놀이하느라 지친 쌍둥이 손자와 낮잠을 잤다. 푸꾸옥 여행 중 숙소에 있을 때 오늘 잠깐씩 두 차례만 비가 오고 여행 기간 내내 날씨가 좋았다. 숙소에서 누룽지와 컵라면 등으로 간단하게 점심을 먹고 리조트 셔틀버스를 타고 빈 원더스에 갔다.

  숙소는 부엌이 넓고 냉장고와 전기 레인지가 있지만 전자레인지나 냄비 등 조리 기구가 없어서 여행 갈 때 일회용 식기 등을 가져가면 좋다. 우리는 접이식 포트 2개와 일회용 용기, 수저, 포크 등을 챙겨가서 점심은 간단하게 숙소에서 먹었다.

  리조트 셔틀버스 손님이 대부분 한국 사람이었다. 빈 원더스에는 아쿠아리움과 놀이기구, 워터파크가 있는데 우린 워터파크는 이용하지 않았다. 대신 숙소와 바다에서 물놀이하기로 했다. 아들이 ATM기에서 베트남 돈을 출금해 오는 동안 빈 원더스 입구 옆에 있는 스타벅스에서 아이스커피를 마시고 잠시 땀을 식혔다. 스타벅스에서 아이스커피를 마시며 며느리가 "커피는 이 맛이지." 하며 감동했다.

  남편도 무릎이 조금 아프고 손자도 더워서 빈 원더스 내에서 이용하는 버기카를 타고 다녔다. 1인당 5,000원 정도인데 팔찌를 차고 다니면 원하는 곳에서 내려 주고, 지나가는 버기카가 오면 정류장에서 탈 수 있었다. 호출 기능이 없어서 버기카가 지나가지 않으면 탈 수 없어 그 점은 아쉬웠다. 아쿠아리움은 입구에 대형 수족관이 있었고, 그곳에서 쇼도 구경할 수 있어 앉아서 기다리는 사람이 많았다. 펭귄관에서 귀여운 펭귄의 재롱을 보고, 다양한 종류의 열대어와 상어가 헤엄치는 모습을 관람할 수 있었다. 유리 해저 터널 같은 곳도 있었고 아쿠아리움 안에 식당도 있어서 대형 수족관의 물고기를 보며 식사할 수 있었다.

빈 원더스는 베트남 최대 테마파크로 대관람차가 높아서 푸꾸옥 어디서든 볼 수 있었다. 손자들이 대관람차를 타고 싶다고 해서 버기카를 타고 이동했다. 빈 원더스에는 베트남 사람들도 많았는데 우리나라 놀이공원처럼 긴 줄을 서지 않아서 바로 입장할 수 있었다. 대관람차는 여섯 명까지 탈 수 있어서 하나에 탔다. 아주 천천히 움직였는데 정상은 100m 정도 상공이어서 아찔했다. 쌍둥이 손자는 무서워하지 않고 잘 탔다. 내려와서 다른 놀이기구를 태워 주려고 했는데 대부분 키가 조금 모자라서 타지 못해서 아쉬웠다.

아쉬움을 뒤로하고 입구에 있는 롯데리아에서 햄버거와 감자튀김을 시켜 먹으며 퍼레이드 하는 시간을 기다렸다. 편식하는 손자인데 감자튀김을 케첩에 찍어 먹어서 다행이었다. 퍼레이드 시간이 되어서 롯데리아에서 나왔다. 우리나라 서울랜드와 롯데월드 정도의 쇼를 기대했는데 너무 규모가 작아서 실망하고 조금 보다가 그랜드 월드로 이동했다.

그랜드 월드는 이탈리아 베네치아를 모티브로 꾸민 복합 문화단지로 베트남의 베네치아라고 불린다. 베네치아 운하를 따라 아름다운 건물이 끊임없이 늘어져 있고 운하에서 곤돌라를 타고 여유 있게 즐길 수 있다. 저녁에는 화려한 분수 쇼와 베네치아의 공연, 레이저 쇼 등을 관람할 수 있어서 일몰 후에 방문하는 것도 좋겠다. 다리를 건너며 듣는 아리아는 걸음을 멈추게 했다.

그랜드 월드 주변에는 많은 음식점과 카페가 있어 우린 베트남 식당에 가서 저녁을 먹었다. 한국 사람들이 많이 가는 음식점이라고 했다. 갈비 쌀국수와 게살 볶음밥, 맛조개 마늘 볶음, 모닝글로리 볶음 등 몇 가지 음식을 시켜서 먹었는데 나쁘지 않았다. 쌍둥이 손자는 볶음밥을 그런대로 잘 먹었다. 2층에 가족끼리 먹을 수 있는 방이 있어서 여유 있게 저녁을 먹었다.

저녁에 숙소에서 보는 일몰이 정말 장관이었다. 손자들도 해가 수평선으로 사라질 때까지 보며 즐거워하였다. 숙소를 오션뷰로 정하길 정말 잘했다. 내일이 여행 마지막 날이라서 숙소에 돌아와 짐을 챙겼다. 짧은 일정이 아쉬웠다. 보통 패키지여행을 가면 아침 일찍 일어나 바쁜 일정을 소화하느라 피곤한데 이곳은 여유 그 자체였다.

여행 가서 며칠 지나면 집에 가고 싶은데 며느리도 더 있고 싶다고 하며 이렇게 힘들지 않고 편안한 여행은 처음이라고 했다. 나 역시 그랬다. 시차도 2시간밖에 안 나서 매일 우리 집처럼 잠도 잘 잤고 음식도 잘 먹었다. 3일 차도 즐거운 여행이 되었다.

마지막 날: 손자 수영, 남편 마사지, 귀국

여행을 떠나기 전 2월 초는 입춘이 지났는데도 한국은 한파로 정말 추웠다. 나는 더위는 안 타는데 추위를 많이 타서 겨울을 싫어한다. 겨울은 눈 오는 것 빼고는 다 싫다. 동남아가 무척 덥다고 해서 함께 간 남편이 걱정되었다. 남편은 나와 반대로 추위는 안 타는데 더위는 무지 탄다. 집에서도 덥다고 남편이 문을 열면 내가 몰래 닫곤 하여 남편은 주로 거실에서 지내고 나는 방에서 지낼 때가 많다.

이번에 간 푸꾸옥은 더웠지만, 나는 한 번도 덥다는 이야기를 안 했다. 며느리와 '작년 8월 초에 대부도로 가족 휴가 갔을 때보다 안 덥네.' 하며 서로 공감하였다. 그만큼 한국도 여름이 동남아 못지않게 덥다.

아쉽게도 푸꾸옥에서 마지막 날이다. 오후 3시 15분 비행기라서 12시 30분에 체크아웃하기로 하였다. 비행기가 조금 연착되었다는 문자가 왔는데 오후 3시 35분이라 길지는 않았다. 지난밤에 짐을 싸 두어서 옷만 갈아입으면 되었다. 마지막 날 조식은 2층에서 먹었다. 1층과 분위기가 비슷했고 음식도 거의 비슷했다. 베트남에 왔으니 쌀국수는 먹고 가야 해서 샐러드와 쌀국수를 가져왔다. 뒤에 서 있던 한국 여행객이 쌀국수 어떻게 주문했냐고 물어보셔서 쌀국수 달라고 하면 된다고 말해 주었다. 옆에 숙주나물과 고수가 따로 있어서 아삭아삭한 숙주나물을 듬뿍 넣어 왔는데 국물도 그렇고 맛있었다.

오전에는 아들과 쌍둥이 손자는 숙소 전용 수영장과 바다를 오가며 마지막 수영을 하였고, 남편은 아들이 예약해 준 리조트 내 스파로 마사지를 받으러 갔다. 며느리가 챙겨 준 베트남 돈을 가지고 혼자 툭툭이를 타고 갔다. 지난번에도 혼자 사우나에 갔다가 와서 걱정하지 않았다.

나는 쌍둥이 손자 수영하는 것을 잠시 보다가 유튜브로 푸꾸옥 여행 영상을 보며 가 보지 못한 곳과 다녀온 곳을 보며 머리로 정리하였다. 이번 여행은 푸꾸옥 북부에서만 있었는데 기회가 되면 중부와 남부에도 여행 가고 싶다고 생각했다. 푸꾸옥은 제주도처럼 베트남의 가장 남쪽에 있는 섬으로 제주도의 1/3 크기라고 했다. 베트남에 속하지만, 캄보디아에 더 가까운 섬이다.

오전 시간이 금방 지나가서 체크아웃을 하고 빈펄 원더월드 리조트 셔틀버스를 타고 공항에 도착했다. 출국 수속을 밟고 간단하게 점심 먹을 곳을 찾았는데 하이네켄 바가 면세점 내에 있었다. 다른 식구들은 햄버거와 음료수를 주문해서 먹고 나는 배가 고프지 않아서 빵 하나를 먹었는데 따뜻하고 부드러운 것이 맛있었다.

요즘 손자가 세계 각국의 항공사에 관심이 있어서 비행기 꼬리만 보고도 항공사 이름을 다 맞춘다. 기념으로 면세점에서 쌍둥이 손자가 원하는 비행기 모형을 하나씩 사 주었다. 여행을 가면 선물 챙기는 것도 일이었는데 이번 여행은 선물을 별로 챙길 일이 없어 그것도 마음 편했다. 함께 오지 못한 큰아들네를 위해 드립 커피만 두 봉지 샀다.

귀국하는 비행기 좌석은 제일 앞자리에 나와 남편이 앉고 뒤로 손자가 엄마 아빠와 한 명씩 앉았다. 오후 3시 35분(한국시간으로 오후 5시 35분)에 출발했기에 창문으로 내다보는 밤하늘이 정말 예뻤다. 5시간 동안 손자는 한 번도 자지 않고 하늘을 내다보다, 모니터로 애니메이션과 비행 정보를 보며 잘 왔다.

공항에서 예약한 콜밴을 타고 왔는데 집에 도착하니 자정이 넘었다. 쌍둥이 손자와 다녀온 3박 4일 푸꾸옥 여행은 오래도록 기억에 남을 것 같다.

이번 여행은 우린 몸만 따라갔다. 아들과 며느리 덕분에 편안하고 힐링이 되는 좋은 여행이었다. 쌍둥이 손자와 함께 다녀온 여행이라 더 의미가 있다. 쌍둥이 손자도 우리와 다녀온 베트남 푸꾸옥 여행을 오래 기억하길 바란다.

쌍둥이 손자, 오늘은 외동아들처럼

쌍둥이 손자가 초등학교 1학년이 되었다. 어딜 가든 늘 함께 다녔고, 우리 집에 올 때도 늘 함께 왔다. 2025년 3월 4일, 초등학교에 입학한 손자는 조금씩 학교에 적응하며 씩씩하게 잘 다니고 있다. 주중에는 외할머니가 쌍둥이 손자를 돌봐 주시고, 주말에는 우리 집에 오는데 이번 주말에는 큰손자는 아빠랑 우리 집에 왔고, 작은손자는 외가에 갔다. 이번 주말에는 쌍둥이 손자가 따로따로 외동아들처럼 지내보기로 했다.

꽃을 좋아하는 작은손자는 금요일 저녁에 외가에 가서 외할머니와 자고 토요일에 외할아버지 외할머니와 충남 서천에 동백꽃을 보러 갔다. 아침 일찍 출발해서 동백꽃도 보고, 갯벌 체험장에도 가고 작은손자가 가장 좋아하는 꽃인 민들레꽃을 보았다고 좋아했다.

벌써 민들레꽃이 피었다는 소식에 봄이 성큼 다녀왔음을 느낀다. 솔방울을 주워 와서 일요일에 우리 집에 올 때 할머니 보여 준다고 가져왔다. 예쁜 손자다.

큰손자는 아빠와 금요일 저녁에 우리 집에 왔다. 강화도에 고인돌을 보러 가자고 해서 토요일에 우리와 강화도에 갔다. 강화도는 우리 집에서 그리 멀진 않지만, 주말에는 길이 많이 막혀 주말에 가는 것이 망설여졌지만 손자를 위해 10시쯤 나섰다. 아들과 오늘 갈 곳을 정해서 오전에 한 곳에 가고 점심 먹고 한두 곳에 다녀오기로 했다.

먼저 옥토끼우주센터에 갔다. 손자가 예전에 가 본 적이 있었다고 했다. 입장료가 조금 비쌌지만 다양한 체험 활동을 할 수 있어서 아이들이 좋아하는 곳이다. 토요일이라 아이들을 데리고 방문한 가족이 많았다. 다양한 비행기 모형과 우주선, 태양계, 나로 우주 센터 등을 볼 수 있었고 중력 가속도 체험, 미래도시 기차 여행 등 여러 가지 흥미 있는 체험을 할 수 있었다. 야외 체험관에서도 계절별로 다양한 체험 활동을 할 수 있어 어린이들에게는 꿈을 키울 수 있는 좋은 체험관이란 생각이 들었다.

옥토끼우주센터에서 나와서 큰손자가 좋아하는 우동을 먹으러 미리 검색해 둔 강화군청 옆에 있는 우동집을 기대하며 찾아갔는데 하필 토요일이 휴점이었다. 다른 것을 먹자고 해도 손자는 우동을 먹겠다고 고집을 부려서 우동을 먹을 수 있는 음식점을 검색해 보니 강화경찰서 옆에 메뉴에 우동이 있는 분식점이 있어서 찾아갔다.

강화도까지 와서 분식점에서 식사하다니 조금 아쉬웠지만, 우동을 꼭 먹고 싶다는 손자 소원을 들어주어야 했다. 손자가 좋아하는 우동과 라면, 김밥, 오이 쫄면, 떡볶이를 주문했다. 우동을 먹어 본 아들이 국물 맛이 깊다며 음식이 맛있다고 했다.

〈생활의 달인〉이라는 프로그램에 나왔던 집이고 벽에는 방문한 유명 연예인과 찍은 사진이 붙어 있었다. 평소에 분식점에 잘 가지 않기에 오랜만에 떡볶이와 김밥도 맛있게 먹었다. 맛있게 먹었는데 점심값이 착했다.

분식점 옆에 강화군청이 있는데 군청 옆에 며느리 지인이 운영하는 카페 '솔트 커피'에 들렀다. 이곳에는 쑥으로 만든 음료와 디저트, 수제 쑥 다쿠아즈와 수제 마카롱이 유명하다. 언젠가 며느리가 사다 준 쑥 다쿠아즈가 맛있어서 강화도에 간 김에 방문해 보자고 아들과 오늘 코스에 넣어 두었다.

카페는 그리 크지 않았는데 실내가 깔끔하고 예뻤다. 남편과 나는 디카페인 카페라테를 주문했고, 아들은 아이스 아메리카노를, 손자는 우유를 마셨다. 쑥 다쿠아즈는 네 개 한 상자로 열 개를 포장해서 가지고 왔다.

전날이 화이트데이라 이것도 방문하기 전에 며느리가 미리 전화해서 남겨 달라고 부탁드려서 포장할 수 있었다. 수제 쑥 다쿠아즈 안에 곶감도 들어 있어서 특별한 맛이다. 열 개만 사 온 것이 아쉬웠다.

오늘 강화도에 간 목적이 큰손자가 고인돌을 보고 싶다고 해서 간 것이라서 고인돌 유적 공원으로 향했다. 강화역사박물관 바로 앞에 있는 곳이다. 날씨는 따뜻한데 바람이 조금 불었다. 나는 전에 다녀온 적이 있었는데 그때 고인돌이 여러 개 있었던 걸로 기억했는데 막상 가 보니 넓은 공원에 커다란 고인돌과 작은 고인돌 합해서 네 개 정도를 볼 수 있었다. 큰손자가 고인돌을 많이 볼 수 있을 거로 생각하고 갔는데 조금 실망한 눈치다. 그래도 세계 최대 규모의 고인돌을 볼 수 있어서 손자가 좋아했다.

오기 전에 고인돌 마을에 고인돌이 많다고 이야기해 주었는데 나도 시간이 지나니 고인돌을 여기서 보았었는지 다른 곳에서 보았었는지 혼돈이 되었다. 넓은 공원을 한 바퀴 돌며 산책하고 연 날리는 사람들도 보았다.

이제 마지막 코스인 강화풍물시장에 들렀다. 손자는 피곤한지 차에 타자마자 잠이 들었다. 아들과 남편이 순무 김치와 밴댕이 회무침을 좋아해서 강화도 간 김에 순무 김치와 밴댕이 회무침을 사 오기로 했기 때문이다. 강화풍물시장에 들어가니 사람들이 많아서 활기가 느껴졌다. 강화도 주민들도 있었지만, 등산복을 입은 여행객도 많았다. 이것저것 구경하는 재미도 쏠쏠했다.

아들이 후기가 좋은 식당을 찾아서 밴댕이 회무침을 포장해 왔다. 채소와 밴댕이, 양념을 따로 포장해 주어서 집에서 양념을 섞어서 무치기만 하면 되었다. 작은 간장 게장도 포장해 주었다. 순무 김치도 아들네, 사돈네, 우리 것 등 세 통을 샀다. 금방 만들어서 3~4일 상온에서 익혀서 냉장고에 넣으라고 했다. 오늘 저녁은 오랜만에 먹는 밴댕이 회무침으로 맛있게 먹을 생각에 침부터 넘어갔다.

쌍둥이 손자는 오늘 외동아들 노릇을 잘했다. 작은 손자는 서천에서 올라와 저녁 8시에 도착했다. 저녁에 서로 보고 싶었다고 영상 통화만 하고 토요일 저녁에도 따로 자고 일요일 아침에 우리 집에서 만났다.

 쌍둥이 손자는 늘 함께 지내지만, 이번 주말처럼 가끔 따로 지내도 좋겠단 생각이 들었다. 일란성쌍둥이지만 성격, 식성 등 모든 것이 다르기에 각자 성향대로 좋아하는 것 하며 보내도 좋겠다. 다행히 양쪽 조부모가 아직은 돌봐 줄 수 있기 때문이다.

할머니 자리

시금치 무침에 장조림

멸치볶음과 김

식판에 예쁘게 담아

뽀로로 숟가락에

한입 가득 밥을 떠서

손자 입에 쏙 넣어 주면

아기 새처럼 쩝쩝

잘도 받아먹는다

오물오물 꿀떡

바삭한 김에 밥과 멸치 넣어 멸치 김밥 한 번

다음엔 시금치 얹은 시금치 김밥

장조림도 쏙 넣어 주면

우리 쌍둥이

키도 자라고 마음도 자라

엄마 아빠 기쁨 되겠지

마주 앉은 자리에

아빠 앉으려면

"여기 할머니 자리예요."

우리 쌍둥이

할머니랑 밥 먹는 게

좋은가 보다

추억 셋

손자가 내준 할머니 숙제

3박 4일 행복한 동거

　요즘 언론에서 저출산에 대한 안타까운 소식을 자주 접한다. 우리나라 지난해 4분기 합계 출생률은 사상 처음으로 0.6명대로 떨어졌다. 세계에서 가장 낮은 수준의 '초저출산' 현상이 장기화하면서 정부는 물론 사회 각계각층에서 해법 마련에 골머리를 앓고 있다. 우리나라뿐만 아니라 영국의 BBC 방송과 일본 언론에서도 집중 조명했다.

　2024년 쌍둥이 손자가 만 6세가 되었을 때의 일이다. 주말마다 쌍둥이 손자를 돌봐 준 지 벌써 6년이 되어 간다. 매주 반복되는 일이라 우리 집에는 손자가 와서 지내기에 편하도록 방 하나를 아예 쌍둥이 손자 방으로 꾸며 주었다.

　거실에는 트램펄린이 있고, 방에는 침대와 장난감, 책상, 읽을 책 등이 있다. 식판과 수저, 물컵 등 하나둘 사다 보니 손자 물건이 많아졌다. 쌍둥이 손자는 우리 집에 오는 걸 좋아한다. 우리 집에 오면 아기가 된다. 혼자 할 수 있는 일도 할머니 보고 해 달라고 한다. 이제 내년에는 초등학교에 가야 해서 요즘 조금씩 홀로서기를 시키고 있다.

이번 주에는 목요일 저녁에 왔다. 아들네가 이사 가려고 집을 부동산에 내놓기 전에 이번 주에 도배하게 되어 미리 집 정리하려고 아들 며느리가 손자를 데리고 왔다. 저녁 먹고 엄마 아빠는 가고 손자들만 남았다. 엄마 아빠가 가서 조금 서운할 수 있는데 아직 할머니랑 있는 것을 좋아해서 서운해 하지도 않았다. 조금 크면 달라지겠지만 아직 엄마 아빠 없이도 잘 논다.

오늘이 3월 1일 삼일절이라 태극기를 달았다. 유치원에서 삼일절에 태극기 다는 걸 배웠는지 일어나자마자 할아버지에게 태극기 달아야 한다고 재촉했다. 앞 베란다에 태극기를 달았는데 바람에 태극기가 펄럭이는 모습을 보고 좋아했다.

금요일에는 아파트 옆에 있는 근린공원에 가서 공놀이하며 놀려고 했는데 다시 겨울이 온 것처럼 추웠다. 태극기가 바람에 펄럭였다. 연우가 콧물이 조금 나서 그냥 집에서 놀기로 했다. 대신 내일은 꼭 공원에 가자고 약속했다. 온종일 손자와 노느라 분주했지만, 엄마 아빠를 찾지 않고 잘 노는 손자가 기특했다. 아기 때부터 함께 지내서 할머니를 정말 좋아한다.

손자가 요즘 지하철 노선도에 푹 빠졌다. 나도 모르는 노선까지 다 안다.

"할머니, 8호선 타 보셨어요?"

"할머니는 아직 8호선 타 보지 못했는데."

"왜 안 탔어요?"

"나중에 지우 연우랑 타려고."

이렇게 대답해야 지우가 좋아하기에 타 보지 못한 지하철에는 꼭 이렇게 대답해 준다.

지하철을 타고 싶다고 해서 공항철도를 타고 서울역에 가기로 했다. 오늘은 날씨가 추워서 공원에 가는 것보다 좋을 것 같아서다.

아침 먹고 패딩 코트에 모자와 머플러까지 씌우고 나섰다. 꽃샘추위가 정말 심했다. 다시 겨울이 온 것처럼 느껴졌다. 다음 주에는 유치원 개학이라 감기 걸리면 안 될 것 같아 옷을 따뜻하게 입혔다. 인천 2호선을 타고 검암역에서 공항철도로 갈아탔다. 지하철 노선도를 거의 외우기에 다음 역을 척척 알아맞힌다. 지하철을 자주 타지 못하기에 바깥 풍경을 내다보며 신났다.

한강 다리를 지날 때 다녀온 적이 있는 롯데타워를 보고 싶어 했는데 흐려서 보이지 않아 실망이 이만저만이 아니다. 나중에 지리 학자가 되려는지 핸드폰으로 늘 지도를 검색하여 우리나라 도시도 많이 안다. 세계지도를 보며 나라 이름도 외우고 국기도 외운다. 나라 퍼즐 놀이도 좋아한다. 어린데도 여행하는 것을 좋아해서 다녀온 곳을 다 기억하고 지금도 가 보고 싶은 도시와 나라가 많다.

서울역에 도착했다. 엘리베이터를 타고 2층으로 올라갔다. 날씨가 안 추우면 남산 케이블카 타고 남산타워에 가려고 했는데 바람도 불고 매우 추웠다. 서울역사 밖으로 나가서 옛날 서울역 건물만 보고 돌아와서 돈가스집에서 점심을 먹었다. 남대문이라도 보고 왔으면 좋은데 아무래도 따뜻한 날 다시 와야겠다.

남산에는 못 갔지만 지하철 타고 서울역에 다녀온 것만으로도 손자는 오늘 소원 성취하였다. 돌아오는 지하철에서 피곤한 지 자다가 깼다. 잠이 안 깨면 안고 가야 하는데 도착하기 전에 깨서 다행이었다. 다음에는 인천 1호선도 타 보고 싶다고 했다. 할머니 할아버지는 그 정도 소원은 얼마든지 들어줄 수 있다.

쌍둥이 손자는 3박 4일 동안 있다가 돌아갔다. 집에서 나라 퍼즐도 맞추고 그림도 그리고 동화책도 읽으며 잘 놀았다. 트램펄린에서 뛰고 넷플릭스에서 애니메이션도 시청하고 핸드폰도 하며 놀았다. 쌍둥이 손자가 돌아가니 집이 썰렁하다.

손자 보는 일은 힘들다. 특히 아침에 일찍 일어나는 것이 제일 힘들다. 요즘 퇴직하고 집에 있다 보니 저녁에 늦게 자고 아침에 늦게 일어나는 것이 습관화되었는데 손자는 6시면 일어나서
"할머니, 일어나세요. 아침이에요."
하며 깨운다. 밤에도 같이 자면 중간에 혹시라도 이불을 차 낼까 봐 몇 번

깬다. 잠이 부족할 수밖에 없다.

밥 먹이는 것도 힘들다. 잘 먹으면 좋은데 안 먹으려고 하면 어떻게 해서라도 먹이려고 노력한다. 온종일 손자에게 집중해야 한다. 혹시라도 다칠까 봐 걱정되기 때문이다. 손자 돌보는 일이 힘들지만, 손자와 있으면 많이 웃어서 행복하다. 그냥 노는 것만 보고 있어도 행복하다. 힘든 것보다 손자가 주는 행복이 크기에 지나고 나면 힘든 것은 다 묻힌다.

우리 집은 아들 둘이 장가가서 아들 손자만 셋이다. 요즘 결혼을 포기하는 청년도 있고, 결혼해도 아기를 안 낳는 부부도 있다. 그런 걸로 보면 나는 숙제를 모두 마쳐서 이제 걱정이 없다. 아들 며느리가 정말 고맙다.

손자는 정말 예쁘다. 육아도 힘들고 아이 키우려면 돈도 많이 든다. 하지만 뭘 해도 예쁜 손자를 보면 이렇게 예쁜 아이를 왜 안 낳을까 싶다. 물론 이런 생각이 이기적일 수도 있다. 아이는 키우기는 조금 어렵고 힘들어도 아이가 주는 행복이 크기에 우리나라 출산율이 올라가기를 기대해 본다.

큰아들은 멀리서 살다 보니 맞벌이하면서 아이 키우느라 고생이 많다. 돌이 되기 전부터 손자는 어린이집에 다니고 있다. 어린이집에 너무 일찍 보내는 것 같아 마음이 안 좋았는데 즐겁게 다니는 모습을 보며 안심이 되었다. 가까이 살면 퇴직한 내가 돌봐 줄 수 있는데 미안한 마음이 든다. 그래도 엄마 아빠가 잘 돌보고 있고 정말 예쁘게 잘 키운다. 가끔 보는 손자가 정말 기특하고 예쁘다.

저출산의 원인이 여러 가지겠지만, 정부에서 아이 키우기 좋은 환경을 만들어 주면 좋겠다. 금전적인 지원도 필요하겠으나 아이를 키울 수 있도록 육아 휴직 제도와 아이 돌보미 정책 등 좋은 정책이 마련되길 기대해 본다. 신혼부부의 주택 문제도 개선해 주어 청년들이 결혼을 많이 하고 아이도 낳을 수 있는 나라가 되길 간절히 바란다.

우리 집 베란다는 손자 자연 학습장

　올봄에 샐러드빵을 만드느라 단호박을 샀다. 샐러드빵에는 감자를 기본으로 삶아서 넣는데 단호박도 넣으면 맛있다. 단호박을 잘랐는데 씨앗이 제법 여물었다. 종이를 깔고 단호박 씨앗을 몇 개 말렸다. 일주일 정도 말린 단호박 씨앗을 긴 화분에 다섯 개를 심었다.
　화분에 씨앗을 심어 두고 다른 화분에 물 줄 때 같이 물을 주었다. 일주일이 지나도 싹이 나지 않아서 포기하고 있었는데 어느 날 화분 양쪽 끝에서 싹이 올라왔다. 그때의 감동은 뭐라고 표현할 수 없었다. 생명의 신비함이 느껴졌다. 잘 키우고 싶었다.
　단호박을 키워 열매까지 보면 만 6세 쌍둥이 손자에게도 교육이 될 것 같아서 좀 더 깊은 화분에 심어 주면 좋을 것 같았다. 때마침 아파트 주민이 며칠 전에 이사 가면서 버린 화분 두 개를 주워 왔다.
　꽃집에서 거름흙 두 봉지를 사서 긴 화분에 있는 흙을 섞어서 단호박 모종 두 개를 옮겨 심었다. 그런데 단호박이 마술을 부렸나 옆에서 단호박 싹

두 개가 또 올라오는 것이 아닌가. 긴 화분에 심었던 씨앗이 이제야 싹을 틔웠나 보다. 행운을 넝쿨째 받았다.

단호박 모종을 화분에 옮겨 심어 두 포기씩, 총 네 포기가 되었다. 우리 집 베란다는 오전에 햇빛이 잘 들어온다. 창문을 열어 주니 바람이 잘 통해 단호박은 매일매일 쑥쑥 자랐다. 하루가 다르게 자란 단호박에 지지대를 세워 주고 줄을 엮어 주었다. 베란다에 빨래걸이가 있는데 남편이 철사 옷걸이를 이용해서 줄을 엮어 주었는데 어찌나 꼼꼼하게 엮었는지 절로 감탄사가 나왔다.

오래전 근무했던 두 번째 학교에서 '푸른 교실 가꾸기'로 교실에서 화분에 오이, 수세미, 호박 등을 심어서 넝쿨을 올렸던 경험이 생각나서 베란다에서도 가능하겠단 생각이 들었다. 실내에는 벌 등 곤충이 없어서 인공 가루받이를 해 주어야 한다. 깨끗한 붓으로 수꽃에 있는 꽃가루를 암꽃에 묻혀 주면 신기하게 교실에서도 오이와 수세미가 열렸다. 이번에도 단호박꽃이 피어 열매가 달리는 기적을 맛보고 싶었다.

요즘 날씨가 더워서 단호박은 물을 많이 먹었다. 물을 너무 많이 주면 웃자랄 것 같아서 겉흙이 마르면 그때 물을 주었다. 며칠 관심을 안 주면 애써 키운 식물이 시들 수 있어서 매일매일 확인해야 했다. 아이도 식물도 관심을 주는 만큼 잘 자란다. 어찌나 잘 자라는지 벌써 천장까지 자랐다.

쌍둥이 손자가 덩굴손이 감고 천장까지 자란 단호박이 신기한지 쳐다보느라 떠날 줄 모른다. 나에게도 매일 단호박이 자라는 것을 보는 일 자체가 요즘 가장 중요한 일이 되었다. 아직 꽃이 피진 않았지만, 꽃봉오리가 올라오고 있어서 꽃이 피고 단호박 열매가 열리길 기대했다.

단호박은 처음 키워 보는데 잎이 호박잎과 비슷했다. 호박잎을 찜기에 쪄서 쌈 싸 먹는 것을 좋아해서 여름이면 몇 번씩 사서 먹는다. 단호박잎도 먹을 수 있는지 검색해 보니 호박잎처럼 쪄서 먹으면 된다고 했다.

아래쪽 잎이 제법 커서 시들기 전에 단호박잎 쌈으로 먹으면 좋을 것 같아서 따 보았다. 따다 보니 열여섯 개나 되어 한 끼 반찬으로 충분했다. 걱정도 되었다. 농사를 지어 본 적이 없다. 혹시 호박잎을 따 주면 열매가 안 맺힐까 봐 걱정되었다. 호박잎 사이에 꽃봉오리가 맺힌 것이 보여 그 부분은 따지 않았다.

연해서 겉껍질을 벗기지 않아도 될 듯했지만, 줄기 쪽 겉껍질을 벗겨서 찜기에 쪘다. 연하고 양도 많지 않아서 6분 정도 찐 후 뚜껑을 열고 식혔다. 식은 후에 물기를 짜서 접시에 한 장씩 펼쳐서 담았는데 너무 연해서 호박잎이 찢어질까 봐 아기 다루듯 조심해서 한 장씩 펼쳤다. 정성으로 기른 귀하고 깨끗한 것이라서 더 맛있게 느껴졌다.

남편과 저녁 식사할 때 잡곡밥과 쌈장에 싸서 먹었다. 집에서 담근 오이지무침과 같이 먹었는데 꿀맛이었다. 혹시 단호박에 열매가 안 달리더라도 단호박잎을 따서 먹은 것만으로도 기른 보람이 있다. 그래도 하나라도 단호박이 열리길 기대하며 오늘도 단호박 넝쿨을 바라본다.

우리 집은 베란다에서 반려 식물을 많이 키우고 있다. 주로 난 화분과 꽃이나 잎을 볼 수 있는 식물이다. 단호박이 자라는 모습을 보며 이제부터 먹을 수 있는 채소를 심어 보고 싶었다. 상추나 방울토마토, 고추 등을 심으면 좋겠다는 생각이 들었다.

앞으로 단호박을 먹을 때 씨앗을 버리지 말고 말려서 모아 두어야겠다. 내년에는 좀 더 많이 심어야겠다. 단호박뿐만 아니라 오이 모종도 몇 개 사서 심어야겠다. 올해의 경험으로 내년에는 잘 키울 수 있으리라. 쌍둥이 손자에게는 자연 학습장이 되어 주고, 나에겐 음식 재료를 제공해 주는 텃밭이 된 베란다가 정말 고맙다.

단호박은 여러 개의 노란 꽃을 피웠는데 아쉽게 단호박 열매는 열리지 않았다. 열매가 달리면 손자에게 좋은 교육이 되었을 텐데 아쉬웠다.

쌍둥이 손자에게 단호박 열매는 보여 주지 못했으나 덩굴 식물인 단호박 잎과 꽃을 관찰할 수 있는 기회를 주어 그래도 단호박을 키우길 잘했다는 생각이 든다. 특히 식물을 좋아하는 작은손자 연우에게 호기심과 기쁨을 줄 수 있어서 보람을 느낀다.

헌 이 줄게 새 이 다오

어릴 적

"까치야, 까치야. 헌 이 줄게, 새 이 다오!"

라고 노래 부르며 빠진 이를 지붕 위에 던졌던 어릴 적 추억들은 다 가지고 있을 거다.

이가 흔들리면 손으로 흔들다 저절로 빠지기도 했지만, 어머니나 아버지께서 이를 실로 묶어서 다양한 방법으로 빼 주셨다. 이를 실로 묶으면 언제 실을 잡아당길지 몰라 긴장이 되어 숨이 멎을 지경이었다. 그 공포심은 상상하기도 싫다. 배운 것이 이러니 우리 아들 둘 이를 빼 줄 때도 실로 이를 단단하게 묶어서 빼 주었다. 물론 나는 무서워서 못 했고 남편이 빼 주었다.

2주 전부터 쌍둥이 손자 중 큰손자 지우의 아래 앞니가 흔들렸다. 쌍둥이 손자는 만 6세다. 유치원 같은 반 친구 중에 이를 뺀 친구가 많다고 했다. '이가 언제 빠질까? 어떻게 빼 주어야 하나.' 모두 걱정하며 기다렸다.

이번 주 금요일에 우리 집에 오기 전에 아들이 전화했다.

"지우가 이 빼야 해서 치과에 4시에 예약했어요. 치과 들렀다가 갈게요."

라는 말에 '지우가 드디어 이를 빼는구나!' 생각하며 엄살쟁이 손자가 울지 않고 이를 잘 뺄 수 있을까 걱정이 되었다. 치과에 간 아들이 사진과 동영상을 보내왔다. 손자가 치과에 의젓하게 누워 있는 모습을 보고 남편이 말했다.

"지우가 의젓하게 잘 누워 있네. 많이 큰 것 같아."

"그러게요. 엄살쟁이 지우가 신통하네요."

나도 신기해서 이렇게 대답했다.

누워 있는 모습을 자세히 보니 헤드폰을 끼고 천장에 있는 TV로 애니메이션을 보고 있었다. 나중에 아들에게 들었는데 어린이 전문 치과라서 아이들이 이 치료하는 드릴 소리에 공포심을 느끼지 않도록 헤드폰을 끼워 준다고 했다.

아이들에게 좋은 치과란 생각이 들었다. 울지 않고 애니메이션을 보고 있다가 이가 빠지는 순간 느낌이 이상했던지 잠깐 울었다고 했다. 첫 앞니를 빼는 날 공포심을 느끼면 다음에 이를 뺄 때도 힘든데 첫 이를 잘 빼 주었다. 돌아오는 차 안에서 지우에게

"이 잘 빼서 이제 형님 되었어."

라고 말해 주었더니 기분이 좋아졌단다. 이를 빼고 환하게 웃는 손자가 장해 보였다.

옛날에는 이를 빼면 '까치야, 까치야, 헌 이 줄게, 새 이 다오!' 노래 부르며 이를 지붕에 던졌는데 뺀 이는 생쥐 모양 통에 담아 주었다고 손자가 손에 들고 와서 자랑스럽게 보여 주었다.

"헌 이를 생쥐에게 주면 새 이를 보내준대요."

라며 손자가 씩씩하게 이야기했다. 치과에 따라서 뺀 이로 목걸이를 만들어 주는 치과도 있다. 이가 담긴 생쥐 통은 손자가 보물처럼 간직할 것 같다. 하기야 요즘 아파트에 사는 아이들이 많으니 이를 던질 지붕도 없다.

이를 빼고 이상한지 손으로 자꾸 만지는데 곧 익숙해지길 바란다. 쌍둥이 둘째 손자는 X-RAY를 찍었는데 4개월 후에나 빠질 거라고 했다. 쌍둥이인데 성격, 취향, 식성뿐만 아니라 성장에도 차이가 크게 난다. 큰손자가 1분 형인데 이도 먼저 나오더니 이가 먼저 흔들렸다.

손자가 이를 빼는 바람에 아들과 어릴 때 이를 빼던 추억을 나누었다. 아들은 서른여섯 살인데 아빠가 실로 이를 묶고 잠시 기다렸다가 이마를 툭 치며 실을 잡아당겨 이를 빼 주었다. 가끔 한 번에 빠지지 않아서 힘들었다고 했다. 그때는 힘들었으나 추억은 늘 아름답다. 그때를 생각하며 언젠가는 아들도 아이들 이에 실을 묶어 이를 빼 주고 싶다고 했다.

드디어 아들 꿈이 이루어졌다. 시간이 조금 지난 다음에 지우 두 번째 아래 앞니가 흔들렸다. 마침 방문하신 외할아버지와 외할머니가 계신 자리에서 지우 이에 실을 묶어 주었다. 플레이 스테이션으로 연우와 게임을 하고 있어서 게임에 몰두할 때 이마를 툭 쳐서 한 번에 지우 이를 성공적으로 뺐다.

보내준 영상을 보며 조마조마했는데 다행히 한 번에 성공하여 안심되었다. 지우의 두 번째 이를 뺀 이야기는 오래도록 우리 집 화젯거리가 되었다.

손자가 세 명이다. 앞으로 손자들이 이를 많이 빼야 할 텐데 시작을 잘해서 참 좋다. 빠진 곳에서 새 이가 튼튼하게 나오길 바란다. 내년에 초등학교에 입학할 텐데 쌍둥이 손자가 건강하고 씩씩하게 자라길 바란다. 어린이 전문 치과가 있으니 이 빼는 것은 이제 걱정 안 해도 되겠다. 이렇게 손자 첫 앞니 빼기는 성공적으로 잘 마쳤다.

크리스마스 선물

2023년 크리스마스는 일요일이었다. 금요일에 쌍둥이 손자가 오기 때문에 크리스마스이브도 크리스마스도 우리 집에서 함께 보낼 수 있다.

산타 할아버지 선물도 미리 사 놓아서 기다리기만 하면 되었다. 작은아들이 오면서 엄마 아빠가 준비한 쌍둥이 선물도 포장해서 가지고 왔다. 물론 선물은 쌍둥이에게 들키지 않으려고 꼭꼭 숨겨 두었다.

할아버지가 크리스마스트리를 12월 초에 꺼내 놓았다. 특히 작은손자가 별을 좋아한다. 크리스마스트리에도 큰 별이 달려 있다. TV를 보고 있는데 택배가 도착했다. 할아버지가 시킨 택배였다. 궁금해서 얼른 열어 보니 크기가 다른 별이 많이 들어 있었다.

크리스마스트리에 걸어 주려고 주문했다고 생각했는데 생각보다 아주 길었다. LED 조명으로 유리창에 장식하는 별이었다. 남편 혼자서 설치하지 못해 작은아들과 함께 거실 커튼 고리에 설치했다.

거실 전등을 끄니 우리 집이 반짝반짝 별이 빛나는 집이 되었다. 쌍둥이 손자가 좋아서 트램펄린 위에서 껑충껑충 뛴다.

"할머니, 루돌프 사슴코 틀어 주세요."

쌍둥이 손자는 트램펄린에서 뛸 때 늘 〈루돌프 사슴코〉 노래를 틀어 달라고 한다. 노래를 들으며 뛰면 더 신나나 보다.

드디어 크리스마스이브가 되었다. 쌍둥이 손자가 자는 동안 한밤중에 트리 앞 트램펄린에 선물을 놓아두었다.

아침에 잠에서 깬 쌍둥이가 선물을 발견하고 좋아했다. 지우는 세계지도를 보자마자 좋아서 지도를 깔고 엎드렸다. 연우는 교회 오르골을 온종일 들고 다니며 노래 부르게 했다.

"할머니, 나라 이름 같이 맞혀요."

"팔라우!"

"보츠와나!"

지우가 모를 것 같은 나라 이름을 찾아 불렀지만 바로 찾았다. 세계지도가 머릿속에 통으로 들어 있는 듯했다.

"할머니는 홍콩에서 배 타고 마카오에 다녀왔는데."

"지우 연우는 그때 어디 있었어요?"

"글쎄. 어느 별에 있었겠지?"

"별에 있다가 엄마가 불러서 엄마 뱃속에 들어간 거지요?"

라며 지우가 말했다. 손자와 이야기하면 늘 재미있다. 내가 상상하지 못하는 답변을 하여 매번 나에게 감동을 준다.

크리스마스이브에 쌍둥이 손자와 유튜브도 보고 펭귄 얼음 깨기 게임도 하고 그림도 그리며 온종일 놀았다. 나라 이름 맞히기, 나라 퍼즐 맞추기도 하고 트램펄린에서 높이 높이 뛰며 놀다 보니 하루가 짧았다.

주일날에는 산타 모자를 씌우고 쌍둥이 손자와 교회에 갔다. 쌍둥이는 유아부에서 예배를 보고 우린 본당에서 3부 예배를 보았다. 쌍둥이는 이제 여섯 살이 될 거라 유아부에서 유치부로 오늘 진급하였다. 유치부에서도 즐겁게 예배에 참여하기를 기대해 본다.

손자와 함께해서 올해는 더 뜻깊은 크리스마스가 되었다. 쌍둥이 손자가 크리스마스의 추억을 오래오래 기억하고 새해에도 착한 어린이가 되려고 노력하면 좋겠다. 약속도 잘 지키고 유치원에서 친구들과 사이좋게 지냈으면 좋겠다. 편식하지 않고 음식도 골고루 잘 먹고 서로 배려하며 잘 지내기를 바란다. 올해보다 조금 더 성장하여 키도 크고 마음도 자라 1년이 행복하길 바란다. 내년 크리스마스에도 산타 할아버지에게 선물 받을 꿈을 꾸면서 말이다.

메리 크리스마스!!

할머니 핸드폰으로 게임 결제를

요즘 식당에 가면 어린아이들이 핸드폰을 하는 풍경을 쉽게 볼 수 있다. 아기들을 유아 식탁 의자에 앉혀 놓고 핸드폰으로 유튜브를 보여 주며 어른들은 옆에서 식사한다. 우리 집도 손자 어릴 때 식당에 가면 아이들 먼저 밥 먹이고 아들과 며느리가 식사하려고 핸드폰을 틀어 주었다.

쌍둥이 손자가 만 6세가 되었다. 손자 돌본 것이 벌써 5년이 넘었다. 무슨 음식을 좋아하고 무슨 놀이를 좋아하는지도 잘 안다. 하지만 요즘 조금 걱정되는 것이 있다.

예전에는 우리 집에 오면 가끔 TV에서 유튜브를 검색해서 시청하긴 했지만, 주로 장난감을 가지고 놀거나 책을 읽어 달라고 했었다. 그런데 요즘 집에 오면 핸드폰부터 찾는다. 핸드폰으로 유튜브를 보기도 하고 검색을 하거나 게임도 하고 갤러리에서 꽃 사진도 본다.

요즘 초등학생 두 명 중 한 명이 스마트폰을 사용한다는 기사를 읽었다.

퇴직하고 2023년에 1년 동안 기간제 교사로 초등학교 2학년 담임을 맡았었다. 그때 우리 반 학생 중 2/3가 스마트폰을 가지고 있었다. 맞벌이 부모가 많다 보니 아이와 연락하기 위해서 그런 거라는 생각이 들었다. 수업이 끝나고 방과후 학교에 가기 전에 시간이 있는데, 가끔 계단에 앉아서 게임을 하는 모습도 보였다.

수업 중에 장래 희망에 관해 이야기할 때면 유튜버나 프로게이머가 되고 싶다는 학생이 많았다. 예전에는 선생님이나 경찰관, 의사 등의 직업이 많았는데 세월 따라 장래 희망도 변했다. 이런 직업은 모두 스마트폰과 관련이 있다. 그리고 대부분 학생의 소원이 '게임을 많이 하고 싶어요.'다. 특히 남학생들이 게임 이야기를 많이 했었다.

요즘 스마트폰은 전화, 메신저, 카메라, 인터넷 검색, 영상 시청, 길 안내 기능은 물론 노트북 기능을 넘어 건강 관리까지 해 주는 중요한 도구가 되었다. 그러기에 미래를 살아갈 아이들에게 꼭 필요한 물건이란 생각도 든다.

아들이 쌍둥이 손자도 자연스럽게 스마트폰을 사용하게 하였다. 어른들이 스마트폰을 새로 바꾸면 스마트폰을 정리하여 손자용으로 주었다. 아이들은 스마트폰 기능을 정말 잘 익혔다. 누가 가르쳐 주지도 않았는데 나와 남편보다 훨씬 잘 다룬다. 한글을 알긴 하지만 음성으로 검색하여 알고 싶은 정보도 다 알아낸다.

문제는 게임이었다. 게임 앱도 스스로 내려받았다. 어느 날 문자를 보다가 깜짝 놀랐다. 내 신용 카드로 결제가 되었다는 거다. 두 건이었는데 한 건은 저녁 시간이었고 한 건은 다음 날 오후 시간이었다. 그 시간에 카드를 쓰지 않아서 무슨 일인가 싶어서 아들에게 물어보니 손자가 유료 게임을 구매한 것 같다고 했다.

내 스마트폰으로 게임을 하다가 게임을 유료로 구매했는데 어떻게 결제했는지 신기하다. 지난번에 구글 페이먼트에서 내 카드가 불법 결제되어 휴대폰 결제를 차단해 두었었는데 어떻게 차단 해제를 하였는지도 궁금했다.

결제된 금액은 이미 게임에 사용해서 환불이 안 되었다. 다행히 큰돈은 아니고 소액이었으나 이 기회에 손자 스마트폰 사용을 점검해야겠다고 생각했다. 물론 내 핸드폰 소액 결제도 다시 차단해 두었다.

내 스마트폰은 지문으로 로그인하는데 잠금 화면 비밀번호를 손자에게 알려 준 것이 문제였다. 내가 원인을 제공한 것 같아서 할 말이 없다. 내 스마트폰 잠금 화면 비밀번호를 조금 복잡하게 바꾸고 손자에게

"할머니 스마트폰은 사용하지 말아라."

라고 아빠가 단단하게 일렀다. 바른 스마트폰 사용 교육이 필요하다.

요즘 아들이 쌍둥이 손자를 데리고 올 때 집에서 손자들이 사용하는 헌 핸드폰을 가지고 온다. 할머니, 할아버지 핸드폰을 사용하지 않게 하려는 거다. 그리고 절대로 유료 게임 결제하지 말라고 주의도 주었다. 약속을 안 지키면 이제 핸드폰 사용을 금지하기로 했다.

손자가 아직 게임 중독은 아니지만, 더 크기 전에 핸드폰 사용에 대한 교육이 필요하다는 생각이 들었다. 정해진 시간에만 사용하게 하고, 할머니와 할아버지 핸드폰을 사용할 때는 꼭 허락받고 사용하기로 했다. 헌 핸드폰으로 안 되는 부분이 있어서 그때만 내 핸드폰을 사용하게 했다.

요즘 쌍둥이 손자를 위해 함께 주변 공원에 가서 노는 시간을 늘리고, 집에 있을 때는 함께 놀아 주려고 노력했다. 또한 어른들도 핸드폰 사용을 줄이고 책을 함께 읽으면서 쌍둥이 손자가 핸드폰 게임에 빠지지 않도록 도와주고 있다.

핸드폰 사용 예절도 익히고 유료 게임은 절대로 하지 않도록 단단하게 주의 주었다. 아이들의 스마트폰 중독은 어른에게도 문제가 있다고 생각한다. 어른들이 먼저 모범을 보이고 함께 소통할 때 스마트폰 중독도 이길 수 있다고 생각한다.

이제 내년에 초등학교에 입학할 예정이라 규칙적인 생활 습관을 지니도록 어른들이 더 신경 쓰려고 한다. 모두의 노력으로 여섯 살 쌍둥이 손자가 건강하게 초등학생이 되길 응원한다. 핸드폰보다는 자연을 더 좋아하고 놀이터에서 뛰어노는 것을 좋아하고 책을 좋아하는 아이로 자라길 기대해 본다.

처음 먹어 본 마라탕

쌍둥이 손자 만 6세 때의 일이다. 금요일 저녁에 작은아들이 쌍둥이 손자를 데리고 2주 만에 왔다. 지난번 큰아들이 왔을 때 능이버섯 오리백숙을 시켜 주었다. 작은아들이 마음에 걸려서 이번에는 한방 오리백숙을 주문했다. 부모 마음이 이렇다. 덕분에 우리도 맛있게 먹었다.

토요일엔 작은아들도 친구 결혼식에 가고, 남편도 지인 아들 결혼식에 갔다. 쌍둥이 손자가 공원에 가고 싶다고 해서 얼굴에 선크림을 발라 주고 집을 나섰다. 날씨가 제법 더웠다. 얼마 전까지만 해도 쌍둥이 손자를 데리고 혼자 외출하는 것은 상상도 할 수 없는 일이었다. 정말 많이 컸다.

가는 길에 배추흰나비도 따라다니고, 개미도 보며 아파트 옆으로 이어진 숲길을 지나 근린공원에 도착했다. 오늘도 운동장에서는 축구를 하고 있었다. 인조 잔디 운동장에는 내려가지 못하고 산책길을 따라가며 벌레를 찾아다녔다. 벌레를 무서워하지 않는 것은 아빠를 똑같이 닮았다. 요즘 풀을 깎아서 작은손자가 좋아하는 민들레꽃을 보기 어렵다. 날씨가 무척 더워 공원한 바퀴를 돌고 아파트로 다시 왔다.

쌍둥이 손자가 우리 아파트 101동부터 마지막 동까지 차례로 동을 확인하며 산책하는 걸 좋아해서 아파트 한 바퀴를 돌고 집으로 왔다. 날씨가 더워서 땀을 많이 흘렸다. 욕조에 물을 받아 신나게 물놀이하였다. 비눗방울 놀이도 하고 뽀로로 물총 놀이도 하였다. 쌍둥이가 장난으로 물을 뿌려서 내 옷이 다 젖었다. 그래도 팔불출 할머니는 즐겁기만 했다.

오늘은 교회에서 '여름성경학교 여름 캠프를 위한 일일 장터'를 하는 날이다. 티켓을 미리 사 놓아서 장터에 가서 커피와 음식을 사 와야 하는데 혼자서 쌍둥이 손자를 데리고 가려니 엄두가 안 났다. 낮잠을 재우고 4시가 되었다. 티켓을 사용하지 못할 수도 있겠다 싶었는데 마침 아들이 왔다. 아들이 교회에 데려다준다고 해서 쌍둥이 손자를 데리고 장터에 갔다. 이번에 티켓을 많이 샀기에 아메리카노 세 잔을 사고 추로스와 순대, 떡볶이를 샀다. 전이랑 꼬마 김밥, 치킨 등은 다 떨어지고 없었다. 오늘 장터는 6시까지인데 거의 5시가 다 되었다. 그래도 음식이 남아 있어서 다행이었다.

집에 와서 사 온 음식을 먹는데 작은아들이

"요즘 초등학생이 제일 좋아하는 음식이 무엇인지 아세요?"

"치킨과 피자 아니야?"

"마라탕이라고 하네요."

라는 아들의 말에 마라탕이 궁금해졌다.

요즘 초등학생은 다이소에서 쇼핑하고 마라탕 먹고 버블티로 마무리한단다. 시대가 많이 달라졌다.

남편도 나도 마라탕을 한 번도 안 먹었다고 하니 아들이 저녁은 마라탕을 주문해서 먹자고 했다. 아들이 마라탕을 주문했다. 주문도 원하는 맵기와 원하는 재료를 추가로 선택할 수 있었다.

- 중 2인분(16,000원)
- 맵기는 2단계(중간 매운맛)
- 소고기, 양고기 추가
- 숙주, 배추, 청경채, 감자, 죽순, 팽이버섯, 목이버섯, 하얀색 목이버섯 추가
- 넓적 당면, 푸주, 건두부 추가
- 배달료까지 전체 29,000원

마라탕이 배달되었다. 빨간 국물이 매워 보였다. 조심해서 국물을 먹어 보았다. 역시 맵다. 그래도 맛은 있었다. 예전에 먹어 본 곱창전골과 비슷한 맛이었는데 고기와 채소를 함께 먹을 수 있어서 괜찮았다. 2인분인데 셋이 먹어도 남았을 정도로 양이 많았다.

아들 덕분에 처음으로 마라탕을 먹어 보았다. 얼마 전에 글쓰기 플랫폼 브런치 스토리 작가님 글이 생각났다. 초3 막내가 마라탕에 푹 빠졌다고 했다. 이 매운맛을 어떻게 좋아하는지 요즘 초등학생이 참 신기하다.

6월 초에 학교 급식 메뉴에 마라탕이 있었다. 나는 퇴직 후에 1년 동안 기간제 교사로 2학년 담임을 하였다.

아침부터 2학년 우리 반 학생들이 급식 메뉴판 앞을 왔다 갔다 하며 점심시간이 되길 기다렸던 게 생각난다. 급식은 1학년부터 6학년, 교직원까지 먹기 때문에 맵기 조절을 잘해야 한다. 그날 먹은 마라탕은 그리 맵지 않았다.

그러고 보니 오늘 먹은 게 두 번째인 셈이다. 나도 남편도 오후에 교회에서 가지고 온 간식을 먹어서 배가 고프지 않아서인지 그렇게 끌리는 음식은 아니었다. 일부러 주문해 먹진 않을 것 같다. 아들은 그런대로 괜찮다고 했다. 물론 다른 곳에서 여러 번 먹어 보았다고 말했다.

아들 덕에 제대로 된 마라탕을 먹어 보았다. 넓적 당면이 조금 특이했다. 사골 국물이라 맛은 진했지만 곱창전골이나 부대찌개가 오히려 우리 입맛에 맞았다. 언제 다시 먹어 볼지 모르지만, 또 먹어 볼 기회는 있을 거로 생각한다. 어쩜 오늘 배가 고프지 않아서 덜 맛있게 느껴졌을지도 모른다.

우리는 아들 덕분에 특별 음식으로 마라탕을 먹었는데 쌍둥이 손자는 매워서 먹지 못했다. 손자도 초등학교에 들어가고 좀 더 크면 마라탕을 좋아할지 궁금하다.

쌍둥이 손자를 주말에 돌보다 보니 작은아들과도 자주 만난다. 그렇지 않으면 장가간 아들이 이렇게 집에 자주 오지 못할 거다. 조부모 육아는 여러 가지로 시간도 많이 빼앗기고 힘도 들지만 장가간 아들도 자주 만나 밥도 같이 먹고 손자들도 매주 볼 수 있으니 결코 손해는 아니다.

　더군다나 부모 덕분에 일하는 아들 며느리도 안정적으로 직장에 다닐 수 있으니 일거양득이라고 해야 할 거다. 이렇게 남편도 나도 건강해서 쌍둥이 손자를 돌볼 수 있어서 늘 감사하게 생각한다.

손자 사랑 우리 집 반려 식물들

쌍둥이 손자 만 6세 때에 있었던 일이다. 요즘 바깥은 알록달록 오색 단풍이 들어 아름다운 가을이 찾아왔다. 어디를 가도 은행나무와 단풍나무, 벚나무 단풍으로 아름답다. 그런데 요즘 우리 집 베란다는 초록색이 가득하다. 올여름이 무척 더웠지만, 오히려 우리 집 베란다 화분은 더 싱싱하게 자랐다.

특히 베란다 화분 중 브라질 아부틸론이 요즘 꽃을 피워 베란다가 화사하다. 브라질 아부틸론은 올봄, 주택에 사는 모임의 동생 집을 방문했다가 얻어 온 화분이다. 키만 크고 볼품이 없었는데 어느 날 복주머니 같은 꽃들이 피어 아름다웠다.

빨간 꽃 끝에 노란 깃이 달려 꽃을 바로 세우고 리본만 묶어 주면 꼭 복주머니 같았다. 왠지 브라질 아부틸론꽃이 우리 집에 복을 가져다줄 것만 같아서 자꾸 들여다보게 되었다.

브라질 아부틸론은 물을 좋아해서 여름에는 매일 물을 주어야 했다. 가지는 길게 늘어졌는데 화분이 작아서 쓰러질 것만 같아서 조금 큰 화분으로 옮겨주고 중간을 끈으로 묶어 주니 조금 정리가 되었다.

식성 좋은 아이의 키가 크듯이 브라질 아부틸론이 자꾸 웃자라서 옆에 있는 다른 화분을 덮었다. 위쪽 가지를 잘라서 물에 담갔더니 뿌리가 나와서 새 화분에 몇 개를 옮겨 심었다. 새 브라질 아부틸론 화분도 내년에는 키가 자라 꽃 피기를 바란다.

브라질 아부틸론이 여름에 한바탕 꽃이 피더니 가을이 되면서 잎만 무성해졌다. 길게 자란 가지를 잘라 주었더니 자른 가지 옆으로 새로운 가지가 나왔다. 모양도 조금 더 풍성해져서 예뻐졌다. '혹시 가지를 잘라 주어서 꽃이 피지 않나?' 하는 생각이 들고 '꽃이 1년에 한 번만 피나?' 하는 생각도 들었다.

11월 들어서며 날씨가 추워져서 올해는 꽃 보기가 힘들 거로 생각했는데 어느 날 잎 사이로 꽃봉오리가 정말 많이 맺힌 걸 보았다. 우리 집에 온 쌍둥이 손자가 꽃봉오리가 몇 개인지 세어 달라고 해서 세어 보니 스무 개가 넘었다. 그 후에도 계속 꽃봉오리가 올라와서 요즘 우리 집 베란다는 화사한 봄이 되었다. 아마 11월이 갑자기 추웠다 더워져서 봄인가 착각한 것 같다. 브라질 아부틸론꽃은 새로 올라온 새 가지에서 피었다.

집에서 반려 식물을 키우고 있다. 누구는 텃밭을 가꾸고, 누구는 전원주택에서 다양한 식물을 키우고 있는데 그럴 형편이 안 된다. 요즘 새로 지은 아파트는 베란다가 없는 아파트도 많은데 우리 아파트는 20년이 넘다 보니 베란다가 꽤 넓다. 반려 식물 키우기 좋은 환경이다. 우리가 이사 가지 못하는 이유 중 하나다.

이사 와서 하나둘 화분을 들여놓고 가꾸다 보니 화분이 많아졌다. 처음에는 아이처럼 조그맣던 식물들이 이젠 어른처럼 키도 크고 실하다. 개음죽은 곧 천장에 닿을 것 같고, 해마다 3월이면 어김없이 꽃 피워 주는 군자란도 싱싱하게 꽃 필 준비를 하며 힘을 저축하고 있다.

공기 청정을 해 주는 알로카시아도 죽을 것처럼 갈색 잎이 나오더니 지금은 잎이 반들반들 윤이 난다. 올해 가장 많이 자란 식물은 호야이다. 여름에 햇볕도 쬐어 주고 정성을 들였더니 화분 두 개 모두 넝쿨이 길게 자랐다. 별 같은 예쁜 꽃을 한 번 피워 주길 늘 기대하는데 꽃을 피워 주지 않아서 조금 서운하다.

쌍둥이 손자 연우가 민들레꽃을 좋아한다. 어느 날 걷다가 아파트 정원에서 하얀 민들레를 발견했다. 신기해서 사진을 찍어서 손자에게 보여 주었더니 보고 싶다고 해서 찾아가 보았는데 정원 제초 작업을 하였는지 싹둑 잘라 버려서 찾을 수 없었다. 손자의 실망이 컸다.

혹시나 다시 민들레 싹이 올라올까 봐 자주 가 보았는데 어느 날 잎이 올라온 것을 발견했다. 그대로 두면 또 제초 작업을 할까 봐 손자와 화분을 가지고 내려가서 모종삽으로 민들레를 캐서 화분에 심어 왔다. 생각보다 뿌리가 깊이 박혀 있어서 옮겨 심는 데 힘이 들었다. 손자는 집에 와서도 오래도록 민들레 화분을 쳐다보았다.

그날 이후 아침에 일어나서 첫 일과가 민들레가 죽지 않고 잘 살아 있는지 살피는 거였다. 민들레는 우리 집에서 가장 사랑과 관심을 받는 식물이 되었다. 요즘 잎도 많이 나오고 잘 크고 있다. 소원은 민들레에서 꽃대가 올라와서 하얀 민들레꽃이 피는 거다. 꽃이 피고 홀씨가 생기면 긴 화분에 씨앗을 심으려고 한다. 꼭 손자의 소원이 이루어지면 좋겠다.

죽을 것 같던 민들레가 몇 번의 고비를 넘기고 새해가 되면서 안쪽에서 잎이 여러 장 올라왔다. 베란다가 추울 것 같아 화분을 거실에 들여놓았는데 잘 자라고 있다. 연우에게 기쁨을 주고 싶은데 제발 가운데서 민들레 꽃대가 올라오길 바란다.

반려 식물은 자식 키우는 마음으로 늘 관심을 가져야 잘 키울 수 있다. 요즘 발가락 인대가 늘어나서 외출을 잘하지 못해 우울한데 환하게 핀 브라질 아부틸론과 하얀 민들레를 보며 위로받는다.

올해 전학을 온 브라질 아부틸론과 하얀 민들레가 우리 집 베란다의 주인공이 되었다. 다른 식물들이 질투할 수도 있는데 모두 잘 자라는 걸로 봐서 축하해 주는 것 같다.

올겨울 추위도 거뜬히 이기고 반려 식물이 잘 자라서 내년 봄에도 환하게 꽃 피워 주기를 기대해 본다. 오늘부터 다시 날씨가 추워졌다. 힘들게 핀 브라질 아부틸론이 활짝 꽃 피워 우리 가족에게 기쁨을 주리라 믿는다.

 쌍둥이 손자도 베란다 반려 식물에 관심이 많다. 영상 통화를 할 때도 꽃 핀 브라질 아부틸론을 보여 달라고 하고 하얀 민들레 꽃대가 올라왔는지도 묻는다. 작은 손자 연우는 꽃 이름을 가르쳐 주면 잊지 않고 기억했다가 식물 안부를 꼭 묻는다. 바깥에 나가면 길가에 있는 식물 이름을 물어보고 기억했다가 다음에도 말하곤 한다. 다음 주에 쌍둥이 손자 올 때까지 우리 집 베란다 식물이 꽃 피어서 손자에게 기쁨을 줄 수 있기를 기대해 본다.

손자가 내준 할머니 숙제

쌍둥이 손자 초등학교 입학 전 겨울에 있었던 일이다. 이번 주말에는 토요일 오전에 쌍둥이 손자가 왔다. 집에 오자마자 작은손자 연우가 산책하러 가자고 졸랐다. 연우는 민들레꽃을 좋아해서 산책하며 민들레꽃을 찾기 위해서다. 점심 먹고 가자고 달래서 우선 점심을 먹였다.

공원에 갈까 하다가 함께 도서관에 가면 좋을 것 같았다. 시립 도서관은 집에서 10분 거리지만, 쌍둥이 손자를 데리고 걸어서 다녀오는 것은 힘들 것 같아서 아들에게 데려다주면 올 때는 걸어오겠다고 했다. 마침 희망 도서로 신청한 책이 도착했다는 문자를 어제 받아서 대출한 책도 반납할 겸해서 도서관에 갔다.

쌍둥이 손자는 몇 달만 지나면 만 7세가 되어 초등학교에 입학할 예정이다. 예전에는 우리 집에 오면 책을 꺼내 와서 읽어 달라고 했었다. 쌍둥이 아빠가 어릴 때 책벌레였기 때문에 쌍둥이 손자도 아빠 닮아서 책을 좋아할 줄 알았다.

  쌍둥이 손자는 요즘 책보다는 핸드폰을 좋아해서 늘 핸드폰을 손에 들고 있다. 핸드폰은 어른들이 새 핸드폰을 바꾸고 앱을 정리해서 준 헌 스마트폰을 사용하는데 나보다도 핸드폰 기능을 더 잘 안다.

  예전에는 핸드폰이 없었으니 책 아니면 장난감이었는데 아들이 장난감보다는 책을 좋아했다고 생각한다. 옛날에 핸드폰이 있었다면 달라졌을지도 모른다. 어쨌든 아들은 어릴 때 손에서 책이 떨어지지 않을 정도로 늘 책을 가지고 다니며 읽었다. 그래서인지 공부를 잘해서 대학도 사람들이 가고 싶어 하는 SKY 중 한 학교를 졸업했다.

  쌍둥이 손자가 우리 집에 오면 밖에 있는 동안은 핸드폰도 안 하고 TV도 안 보니 공원이나 놀이터에 데려가며 바깥 놀이를 많이 하려고 한다. 오늘도 도서관에 가서 잠시 책을 읽고 돌아오며 민들레꽃도 따고 놀이터에서도 놀다 들어왔다.

  오다가 아파트 상가에 들러서 쌍둥이 손자가 좋아하는 사리곰탕면과 꼬깔콘, 뻥 과자도 사 왔다.

  저녁을 먹고 놀고 있던 지우가

  "할머니, 『매일 행복하지 않아도 행복해』 책 어디 있어요?"

  "책꽂이에 있는데 가져다줄까?"

  "네, 가져다주세요."

라는 지우 말에 책을 읽으려나 싶어서 기특하게 생각되어 책꽂이에 꽂혀 있던 책을 가져다주었다.

『매일 행복하지 않아도 행복해』는 내가 출간한 에세이집이다. 책을 가져오니 지우가 책에서 「다섯 살 쌍둥이 손자와 놀면 하루가 짧다」를 펼치며 읽어 달라고 했다. 천천히 읽어 주니 그다음에는 「쌍둥이 손자 덕에 다녀온 롯데타워」를 펼쳐주며 또 읽어 달라고 했다. 마지막 장에 있는 요리 글에서 「다섯 살 손자가 좋아하는 볶음밥과 주먹밥」도 읽어 달라고 하며 주먹밥도 먹고 싶다고 하고 고구마 요플레도 먹고 싶다고 했다.

내 책의 첫 번째 장은 「가족과 함께하는 행복한 일상」으로 가족과 관련된 이야기다. 남편 이야기, 아들 며느리 이야기, 손자들 이야기를 골고루 넣었다. 그중 손자들 이야기가 많은데 나중에 섭섭한 마음이 들지 않도록 손자 세 명 이야기를 골고루 넣었다.

내가 2023년 5월에 두 번째 책 『매일 행복하지 않아도 행복해』를 출간하고 며느리가 내 책을 가장 먼저 주문했는데 책 받던 날 사진을 찍어서 보내주었다. 쌍둥이가 내 책을 들고 환하게 웃고 있는 모습에 가슴이 뭉클했었다. 집에서도 아빠한테 내 책에서 자기들 이야기를 가끔 읽어 달라고 한다고 들었다. 그 이야기를 들으며 어찌나 사랑스럽던지 꼭 안아 주고 싶었다.

책을 읽어 주는 동안 대화 글이 나오면 누가 한 말인지도 물어보며 자기들 이야기라 재미있어했다. 책을 다 읽고 이제 자라고 했더니

"할머니, 우리 이야기 왜 조금만 썼어요? 다음에는 '지우 연우 추억 만들기'로 책 만들어 주세요."

라고 하는 게 아닌가.

"알았어. 다음에는 꼭 지우 연우 추억 만들기 책 만들어 줄게."

손까지 걸고 약속했으니 쌍둥이 손자 숙제해야 하는데 걱정도 되었다. 쌍둥이 손자가 돌아간 뒤에 컴퓨터를 켜고 손자 이야기를 따로 모아 보았다. 손자가 네 살 되고부터 내가 글을 쓰기 시작했으니 쌍둥이 손자 만 4세부터의 성장 일기라고 할 수 있는 글이 꽤 여러 편 있었다.

하지만 그 글로는 책을 만들긴 부족하니 새로운 글을 몇 편 더 써야 했다. 학창 시절 소설가가 꿈이었던 아들에게도 글을 좀 써 보라고 할까 하는 생각도 들었다. POD 출판(주문형 출판)으로 요즘 원하는 대로 책을 출판할 수 있으니 몇 권만 만들어 외가에도 드리고 우리 집에도 두고, 쌍둥이도 한 권씩 주면 좋겠단 생각이 들었다. 더불어 요즘 조부모가 육아에 참여하는 가정이 많기에 조부모 육아에도 도움이 되면 좋겠다는 생각이 들었다.

갑자기 가슴이 뛰었다. 나이 들어 가슴이 뛰는 일을 할 수 있다는 것은 일상에서 가장 행복한 일이라고 생각한다. 쌍둥이 손자 덕에 이제부터 바빠질 것 같다.

'지우 연우 추억 만들기'가 책으로 나오려면 이제부터 쌍둥이와 추억을 더 많이 만들어야 하겠다. 쌍둥이 손자가 내준 숙제를 언제 해 줄지 모르겠지만 글 쓸 이유가 생겨서 좋았다. 서둘러서 쌍둥이 손자 초등학교 입학 기념으로 만들어 주면 좋겠다는 생각이 들었다. 올겨울에 부지런히 작업해서 초등학교에 들어가는 2025년 봄에는 예쁜 책으로 출간해 선물로 주어야겠다.

이 책이 나오게 된 배경이다. 초등학교 입학 선물로 만들어 주려고 했던 책이 여러 가지 사정으로 이제야 출간하게 되었다. 이제라도 출간하여 쌍둥이 손자 숙제를 할 수 있어서 행복하다.

초등학교 입학 전 이사

지난주 주말에 TV를 보는데 정부에서 저출산 정책을 발표하였다. 난임 부부 지원에 대한 정책이었다. 정부에서 저출산 관련 정책을 발표하며 저출산 문제를 해결해 보려고 노력해도 우리나라 저출산 문제는 해결될 기미가 보이지 않는다. 참 안타까운 일이다. 이번 저출산 정책이 효과가 있기를 기대해 본다.

작은아들이 쌍둥이 손자가 초등학교 입학하기 전 2024년 10월 초에 신도시로 이사하였다. 내년에 쌍둥이 손자가 초등학교에 입학하기에 지금 사는 동네보다 교육 환경이 신도시가 좋을 것 같다는 생각에서다.

이사한 다음 날 아들 집에 초대받아서 갔었다. 신도시답게 다양한 이름의 아파트가 있었다. 정말 아파트 이름과 동 호수도 외우기 어려워서 핸드폰에 메모해 두었다.

아들에게 차량 번호를 알려 주었더니 등록해 주어 편하게 지하 주차장 차단기를 통과했다. 아들이 알려 준 지하 주차장에 주차한 후 헤매지 않고 엘리베이터를 타고 아들 집에 도착하였다.

쌍둥이 손자가 할머니 할아버지 왔다고 어찌나 반가워하는지 기특했다. 집 구경하며 잠시 앉았다가 저녁 먹으러 내려갔다. 식당 가는 길에 놀이터를 지나는데 길에도 놀이터에도 아이들과 함께 나온 부모들로 많이 붐볐다. 요즘 이런 풍경은 보기 힘들어서 신기했다. 아들 말에 고개가 끄덕여졌다.
"여기는 젊은 사람들이 많이 사는 것 같아요. 그래서인지 아이들도 정말 많아요."
라는 아들 말을 증명이라도 하듯 놀이터뿐만 아니라 길에도, 우리가 간 음식점에도 손자 같은 아이들이 많았다. 음식점에 놀이방이 있어서 쌍둥이 손자는 놀이방에서 노느라 밥은 뒷전이었다.

우리는 지어진 지 20년이 넘는 아파트에 살고 있다. 놀이터를 새로 단장하였는데 지나다 보면 노는 아이들이 많지 않아 썰렁하다. 쌍둥이 손자가 우리 집에 오면 놀이터에 데려가는데 한가해서 잘 놀다 온다.
퇴직하고 작년에 기간제 교사로 나갔던 학교만 해도 1학년이 2학급 밖에 없었다. 한 반 학생 수도 15명, 16명이었다. 올해 초에도 신입생이 많이 줄었다는 뉴스를 자주 접했다.
쌍둥이 손자가 내년에 입학할 초등학교가 궁금하여 전화해 보았다. 1학년이 무려 11학급이나 된다고 해서 깜짝 놀랐다. 한 반 인원도 26명에서 27명이라고 했다. 내년에도 이 정도 될 거라고 들었다. 신도시라 학생들이 계속 전학을 올 거라고 했다.

신도시에 젊은 분들이 이사를 많이 오는 것이 분명하다. 손자가 지금은 유치원에 다니고 있는데 이사한 후 가까운 곳으로 옮기고 싶었지만, 자리가 없어서 다니던 유치원이 멀어도 그냥 다니고 있다. 이사한 후에는 며느리가 차로 데려다주고 데려오고 있다.

이사한 신도시에 아이들이 많다 보니 어린이 전문 치과나 소아 청소년과 등 병원이 많아 그 점은 편리하다. 아파트 앞 상가에 있는 소아 청소년과가 밤 11시까지 야간 진료하는 곳이 있어서 지난번에 손자가 열이 나서 밤에 소아 청소년과에 예약하고 다녀왔다고 했다.

아파트 주변에 상가 건물이 많아서 학원도 많고 키즈 카페도 있고 음식점도 많다. 아이들 키우기에 불편함이 없을 듯하다. 거리에 나가 보면 활기가 넘친다. 정말 보기만 해도 미소가 지어진다.

아이 키우는 일은 정말 어렵고 힘들다. 특히 맞벌이가 많은 요즘은 더 그렇다. 우리처럼 양쪽 조부모가 육아를 도와주면 좋겠지만, 그런 집은 많지 않다. 조부모가 도와주지 않아도 육아를 잘할 수 있는 다양한 길이 열리길 바란다.

직업 중에 가장 어렵고 힘든 직업이 부모일 지도 모른다. 하지만 힘들기만 한 건 아니다. 아이들이 주는 기쁨은 힘듦을 이긴다. 지금 생각해도 자식이 없었으면 지금처럼 든든하고 행복할까 싶다.

더군다나 손자가 있다는 것이 세상 무엇보다 행복하다. 손자는 돈을 내고라도 어디서든 자랑하고 싶다. 신도시 그곳처럼 소중하고 예쁜 아기들이 많이 태어날 수 있기를 바란다.

쌍둥이 한 명만 왼손잡이

쌍둥이 손자가 주말에 집에 오면 '이번 주는 무슨 놀이를 하며 놀까?' 하고 미리 계획을 세운다. 세 돌이 지났기에 잘하지 못해도 그림 색칠하는 것을 좋아해서 식물 색칠하기와 동물 색칠하기 워크북을 사 놓았다.

안전 가위도 사고 색연필과 모양을 가위로 오릴 수 있는 워크북도 샀다. 이번 주에는 손자들과 가위질도 하고 색칠 공부도 하며 재미있게 놀 생각에 나도 모르게 마음이 들떴다.

지우도 연우도 서툴긴 하지만 안전 가위로 조금씩 가위질을 하기 시작했다. 처음에는 종이를 싹둑싹둑 자르는 연습을 하다가 모양 오리기도 해 보았다. 아직 동그라미 등 곡선 오리기는 잘 안되지만 반복해서 연습하다 보니 조금씩 좋아졌다. 오리기 책에 있는 과일, 자동차 등 모양을 오려 딱풀로 붙여 만들기를 해서 나란히 세워 놓았다가 아빠에게 자랑하기도 했다. 안전 가위는 오른손으로 사용해야 하기에 지우도 오른손으로 가위질을 했다.

어느 날 식물 색칠하기를 하는데 큰손자인 지우가 색연필을 왼손으로 잡고 색칠하기 시작했고, 공을 던질 때 오른손으로 던질 때도 있었으나 왼손을 더 많이 사용했다. 우리 집에는 왼손잡이가 없었고 외가에도 왼손잡이가 없었기에 지우가 왼손잡이일 거라는 생각을 하지 못했다.

하지만 양손을 다 사용하기는 했으나 왼손으로 하는 일이 늘어나는 걸 보며 지우가 왼손잡이가 아닐까 유심히 살펴보게 되었다.

연우는 오른손잡이가 분명했는데 지우는 오른손과 왼손을 같이 사용해서 확실하게 왼손잡이라고 단정하기도 어려웠다.

지우는 클수록 왼손을 많이 사용했다. 밥을 먹을 때도 왼손으로 먹고, 칠판에 보드 마커로 그림을 그릴 때도 왼손을 사용했다. 오른손을 사용하게 하려고 시켜 보았으나 소용이 없었다. 왼손잡이임이 분명했다.

쌍둥이 손자는 식성도 취향도 모두 달랐는데 한 명은 오른손잡이고 또 한 명은 왼손잡이란 게 신기했다. 왼손잡이가 나쁘다고 할 수 없어서 있는 대로 인정해 주기로 했다.

초등학교에 입학하기 전에 젓가락질을 연습시켰다. 초등학교에서는 입학식 다음 날부터 급식을 먹어야 하는데 숟가락과 젓가락만 있다. 집에서 개인 수저나 포크를 챙겨가도 되는데 가끔 잊어버릴 때가 있어서 기본적으로 젓가락질을 하는 것이 좋다.

요즘 젓가락질을 연습할 수 있는 연습용 젓가락을 먼저 사용하는데 오른손잡이용이라 오른손으로 사용해야 했다. 다행히 지우가 오른손으로 젓가락을 사용했다.

밥을 먹을 때 젓가락은 오른손으로, 숟가락은 왼손을 사용하였다. 그렇게 해도 불편해 보이지 않았고 밥도 잘 먹었다.

만 6세가 되며 핸드폰으로 게임도 하고 검색도 하며 핸드폰을 사용하는 시간이 늘었는데 양손을 사용하기는 했으나 오른손이 주 사용 손이 되었다. 핸드폰을 오른손으로 하는 것이 참 신기했다.

우리는 지우가 다른 것은 다 왼손을 사용해도 글씨 쓰기만 오른손으로 하면 좋겠다고 생각했는데 연필을 왼손에 잡고 글씨를 썼다.

"지우야, 글씨는 오른손으로 써 볼까?"

"할머니, 오른손으로 쓰면 글씨가 연해져요."

"그렇구나. 왼손으로 글씨를 쓰면 손에 연필심이 묻어 손이 더러워져서 안 좋아."

"그래요? 그래도 왼손이 더 좋은데."

"오른손으로 자꾸 연습하면 글씨가 나중에 진해질 거야. 우리 오른손으로 연습해 볼까."

"알았어요. 연습해 볼게요."

"그래. 지우 예쁘구나."

라고 대답하는 지우를 보며 글씨를 오른손으로 쓸 수 있기를 기대했다.

쌍둥이 손자가 초등학교 입학하기 전에 공부시킨다고 눈높이 국어와 수학, 영어를 시작했다. 더하기는 아빠와 놀면서 많이 해 봤고, 한글도 다 읽을 수 있고 영어도 어느 정도 읽을 수 있기에 쉽다며 재미있게 하였다. 세 과목 중 손자 둘 다 수학이 가장 재미있다고 말했다. 수 개념을 확실하게 알고 있어서 덧셈은 보는 우리도 놀랄 만큼 척척 잘했다. 쌍둥이 손자 아빠도 수학을 좋아하고 잘했는데 아빠를 닮은 모양이다. 맞았다고 동그라미를 그려 채점해 주면 좋아했다.

글씨를 쓸 때 오른손을 사용하도록 연습시켜 보았는데 역시 어려워했다. 요즘 학교에 시간 강사로 나가 학생들을 가르치다 보면 한 반에 왼손잡이가 한두 명 있는데 글씨를 왼손으로 써도 그냥 둔다. 옛날에는 글씨만큼은 꼭 오른손으로 쓰게 했지만, 지금은 다르다. 본인이 쓰고 싶은 대로 내버려둔다. 그걸로 스트레스받게 하고 싶지 않기 때문이다.

오른손과 왼손을 다 사용하니 좋은 점도 있다. 가위질과 젓가락질은 오른손으로 하고 글씨는 왼손으로, 핸드폰과 색칠하기는 양손으로 한다. 결국 양손을 다 사용하니 좋다. 뇌도 우뇌와 좌뇌가 골고루 발달하리라 믿는다.

양손을 다 사용하는 지우는 암기력이 좋다. 세계 여러 나라에 관심이 많아서 195개 나라의 국기와 수도를 다 외우고, 우리나라 지하철에도 관심이 많아서 지하철 노선도를 거의 다 외운다. 그러다 보니 우리나라 도시에도 관심이 생겨 도시 이름과 무슨 기차를 타고 가야 하는지도 안다. 그뿐만 아니라 〈한국을 빛낸 100인의 위인들〉 노래도 다 외우고 그 외에도 늘 질문이 많다. 지우의 암기력에 우린 매번 놀란다. 쌍둥이 아빠도 IQ가 높은데 아무래도 아빠를 뛰어넘을 것 같다.

오른손잡이든 왼손잡이든 그냥 하고 싶은 대로 편하게 사용하는 것이 정답 같다.

쌍둥이 손자가 초등학교 예비 소집일에 학교를 방문했을 때 같은 반으로 배정해 달라고 했단다. 저학년 때는 같은 반으로 배정하는 것이 서로 의지도 되고, 부모 처지에서도 준비물을 챙기거나 학부모 상담, 공개 수업 참관 시 편하다. 고학년이 되면 아이들 의견을 물어서 결정하면 된다.

유치원과 초등학교는 시스템이 조금 다르지만 3년이나 유치원에 다녔으니 잘 적응하리라 믿는다. 쌍둥이 손자가 즐겁게 학교에 다니며 친구도 사귀고 선생님께도 칭찬받는 어린이가 되길 기대한다.

책가방 메고 둘이 손잡고 나란히 학교에 가는 쌍둥이 손자를 생각하면 저절로 입가에 미소가 지어진다. 어느새 커서 초등학교에 입학하다니 참 대견하다.

초등학교 입학 1년 전

쌍둥이 손자 생일은 2월 14일 밸런타인데이이다. 2018년 2월 14일에 태어났다. 좋은 날이 생일이다. 어느새 커서 만 6세가 되었다. 하지만 손자는 일곱 살이라고 말한다. 아직 나이가 왜 한 살이 줄어야 하는지 이해하지 못했다. 어쩜 한 살 줄어드는 것이 싫어서 그런지도 모르겠다.

나는 쌍둥이 손자 생일과 어린이날에는 옷을 사 준다. 지난주 모임이 서울에 있는 백화점 음식점에서 있었다. 모임이 끝나고 나간 김에 아동복 매장으로 내려갔다. 손자 생일 선물을 미리 사기 위해서다. 우선 내가 즐겨 가는 아동복 매장에 갔다. 마침 봄 신상품으로 들어온 옷이 있어서 살펴보다가 편안한 옷을 발견했다. 아이들은 편안한 옷이 최고다. 디자인도 색상도 예뻐서 마음에 들었다. 같은 색으로 살까 하다가 디자인이 같은 노란색과 하늘색을 샀다.

지우는 초록색과 파란색을 좋아한다. 초록색은 풀색이라 좋아한다고 말한다. 좋아하는 사리곰탕면에 파를 넣어 달라고 말하는데 파가 초록색이라서 맛있단다. 초록색을 좋아해서인지 시금치무침도 잘 먹는다. 두 번째로 좋아하는 색이 파란색이다. 연우는 민들레꽃을 정말 좋아한다. 민들레가 보고 싶어서 요즘 봄이 언제 오냐고 묻는다. 노란색은 좋아하는 민들레꽃 색이라 좋아한다고 말한다. 귀여움 그 자체다. 손자들이 좋아하는 색깔의 옷을 살 수 있어서 다행이다. 손자도 마음에 들어 하면 좋겠다.

초등학교 입학 전에 미리 준비하고 연습할 일

쌍둥이 손자는 내년에 초등학교에 입학할 예정이다. 올해는 배워야 할 게 아주 많다. 할머니가 초등학교 교사 출신이니 올 한 해 준비하고 연습해서 내년에 초등학교에 입학하면 학교에 잘 적응하도록 해야겠다.

초등학교는 대부분의 학교에서 우유 급식을 한다. 코로나 이후에 우유 급식을 안 하는 학교도 있으나 미리 연습하면 좋다. 예전에는 주로 200mL 백색 우유를 마셨는데 요즘은 급식에 다양한 음료가 제공된다. 그래도 집에서 200mL 우유 팩을 혼자 따서 찬 우유를 마시는 연습을 하면 좋다. 손자는 아직 우유를 데워 달라고 한다. 빨대 컵은 떼었지만, 우리 집에 오면 컵에 우유를 데워서 빨대를 끼워 달라고 한다. 1년 동안 연습하면 잘할 거라고 믿는다.

　다음에는 아주 중요한 배변 처리다. 지금도 소변은 혼자 보고 옷도 올리지만, 대변 처리는 아직 못한다. 초등학교 1학년 담임을 하다 보면 옷에 실례하기도 하고 학교에서 대변 누는 것을 하지 못해 배 아프다고 우는 아이들을 볼 수 있다. 올해 안에 자연스럽게 배변 처리를 가르쳐야겠다. 집에서는 비데를 사용하기에 편하게 처리할 수 있지만, 초등학교는 비데 설치 학교가 많지 않아서 연습이 필요하다. 학교에 갈 때는 예쁜 옷보다는 활동하기 편한 옷을 입히는 것이 좋다.

　그러고 보면 초등학교에 입학하기 전에 연습할 일이 참 많다. 모든 초등학교에서 급식을 먹는다. 예전에는 입학 적응 기간이 있었지만, 요즘엔 입학식 다음 날부터 급식을 먹는다. 학교 급식실에는 숟가락과 젓가락만 있다. 물론 개인 수저를 가지고 다녀도 되지만, 안 가져갈 때도 있어서 젓가락 사용법을 가르쳐야 한다. 우리 집 쌍둥이 손자는 포크로 반찬을 먹는다. 아직 젓가락질을 가르치지 않았지만, 지금부터 연습시키려고 한다. 급식을 정해진 시간 안에 먹을 수 있도록 하는 연습도 필요하다.

　요즈음엔 대부분 아이가 유치원을 다녔기 때문에 기본적인 것은 할 줄 안다. 혼자 신발 신고 벗기, 실내화 갈아 신기 등도 할 수 있어야 한다. 점퍼

지퍼 올리기, 단추 채우기 등도 혼자 할 수 있어야 한다. 공부한 것을 정리하고 스스로 가방 챙기는 훈련도 필요하다.

학교에 있다 보면 정리정돈을 잘하지 못해서 늘 책상 위에 물건을 수북이 쌓아 놓고 공부하는 학생이 있다. 평소에 물건 정리하는 습관을 기르면 좋다. 색연필이나 연필을 자주 잃어버리기에 입학하기 전에 자기 물건에 이름을 붙여 주는 것도 필요하다. 요즈음엔 스티커 이름표도 있어서 활용하면 좋다.

비 오는 날 우산도 혼자 펼치고 접을 수 있어야 한다. 유치원에는 보조 교사가 있어서 대부분 선생님께서 도와주지만, 초등학교에서는 스스로 할 수 있어야 한다. 물론 초등 1학년 선생님도 친절하게 도와주지만, 학생들이 많다 보면 손이 못 갈 때도 있다. 학교에서 방과후 학교 수업하면 끝나고 혼자 갈 수도 있어서 스스로 할 수 있는 것이 좋다.

입학을 앞둔 자녀를 위한 유익한 Tip!

입학할 어린이라면 누구나 책가방은 가장 먼저 산다. 책가방은 가벼운 것이 좋다. 초등학교에 입학하는 아이가 있으면 누군가 책가방을 사 주는 일이 많다. 대부분 모양만 보고 가죽으로 된 무거운 책가방이나 복잡한 책가방을 사 준다. 브랜드를 보고 사 주기 때문이다. 아이 혼자서 지퍼를 여닫을 수 있는 단순하며 가벼운 책가방을 사 주기 바란다. 또 하나 초등학교에서는 가방을 책상 옆에 걸어 두는데 고리가 위쪽에 있는 것이 좋다.

다음은 실내화 준비다. 실내화는 발 크기에 맞는 것을 준비해 준다. 초등학교는 실내에서는 늘 실내화를 신는다. 그뿐만 아니라 강당에서 체육할 때도 실내화를 신기 때문에 실내화가 크면 벗겨져서 불편하다. 체육 시간에 줄넘기를 시작하게 되는데 미리 연습해 온 학생들은 자신감이 생겨 줄넘기 하는 시간을 아주 좋아한다. 그냥 모둠발로 뛰어넘기 정도를 연습하면 좋을 것 같다.

연필 바로 잡기, 가위질 연습하기도 중요하다. 초등학교 1학년 때는 그리고 색칠하는 활동을 많이 한다. 연필은 처음부터 바르게 잡고 글씨를 써야 하는데 중간에 고치려면 어렵다. 요즘 학생들의 글씨 쓰는 모습을 보면 연필을 이상하게 잡는 학생이 많다. 학교에서 고쳐 주려고 해도 벌써 습관이 되어 잘 고쳐지지 않는다. 연필을 잘못 잡으면 당연히 글씨도 바르게 쓸 수 없다.

글씨 쓰기를 연습한다면 꼭 필순에 맞추어 쓰도록 지도한다. 필순은 아주 중요하다. 한글은 필순에 맞게 써야 바른 글씨체가 된다. 처음 글씨를 쓸 때는 조금 무른 심인 2B 연필로 쓰면 좋다. 또한 저학년에서는 가위질도 많이

하게 되므로 입학하기 전에 가위질도 미리 연습시키면 좋다.

다음으로는 책 읽기에 관심을 가지고 매일 책 읽는 습관을 갖게 하면 좋다. 1학년은 집중 시간이 아주 짧다. 집에서 10분 정도 자리에 바르게 앉아 있는 연습을 하면 좋다. 그 방법으로 10분 책 읽기를 권하고 싶다. 초등학교에 도서실이 있어서 학급별로 도서실 수업이 있다. 책을 좋아하는 아이로 키우면 아이의 집중력도 키울 수 있어서 학교생활에 도움이 된다.

마지막으로 학교는 좁은 장소에서 많은 학생이 함께 생활한다. 친구를 놀리거나 별명을 부르지 않고 사이좋게 지내도록 말해 주어야 한다. 또한 이름을 부르면 큰 소리로 대답하고, 또박또박 의사 표현할 수 있도록 아이의 자신감을 키워 준다. 학교에서 아프거나 친구가 때린다던가 무슨 일이 있으면 꼭 선생님께 말씀드리라고 말해 준다.

가장 중요한 것은 학교가 즐거운 곳임을 말해 주어야 한다. 가끔 보면 학부모님께서

"너 이렇게 하면 학교에서 선생님에게 혼난다."

라고 말하면 아이가 학교에 가기 전부터 학교는 무서운 곳이라고 인식하게 된다. 학교에는 좋은 친구가 있고 친절한 선생님이 계신 행복한 곳이라고 인식하도록 학부모님께서 도와주어야 한다.

올해 입학한 초등학교 1학년 학생들이 행복하게 학교 생활하길 응원한다. 또한 내년에 초등학교에 입학할 쌍둥이 손자가 1년 동안 잘 연습해서 내년에 초등학교에 입학하면 즐겁게 학교생활할 수 있기를 바란다. 이렇게 입학하기 전에 미리 연습하고 가면 초등학교에서는 무엇을 배우나 생각하시는 분도 있겠지만 초등학교에서는 배울 것이 많으니 걱정 안 하셔도 된다. 미리 연습하고 가면 자신감이 생겨 학교에 잘 적응하며 즐겁게 다닐 것이다.

쌍둥이 손자가 초등학교 입학하기 1년 전에 쓴 글이다. 1년 동안 손자가 초등학교에서 잘 적응하도록 연습시켰다. 아직 서툴지만 그래도 1년 전에 비하면 큰 발전이 있다. 2025년 3월에 쌍둥이 손자가 초등학교에 입학하여 잘 적응하며 즐겁게 학교생활하고 있다. 학교가 재미있다는 쌍둥이 손자를 보며 미리 조금씩 연습시킨 보람이 느껴진다.

유치원은 이제 안녕

 졸업은 '끝'이란 의미와 또 다른 시작'이란 의미가 있다. 그동안 수많은 졸업을 마주했다. 나의 졸업이 있었고, 교사였기에 내가 가르쳤던 초등학교 6학년 학생들의 졸업식이 있었다. 아들 둘을 키웠다. 초등학교 졸업을 시작으로 대학 졸업까지 졸업식 때마다 헤어짐의 섭섭함과 감동의 눈물과 기쁨이 교차했다. 아들의 마지막 대학교 졸업식은 벌써 10년도 넘었다.

 오랜만에 졸업식에 다녀왔다. 첫 손자, 그것도 쌍둥이 손자 유치원 졸업식이다. 초등학교 교사로 퇴직했기에 초등학교 졸업식은 많이 보았는데 유치원 졸업식은 처음이라 궁금했다.
 요즘 아이들이 줄어서 문 닫는 유치원도 많다고 하는데 손자가 다니는 유치원은 졸업생이 50명이나 되었다. 두 반이라서 오전과 오후로 나누어서 졸업식이 진행되었다. 쌍둥이 손자 졸업식은 2월 21일 12시 30분에 시작되었다. 베트남 푸꾸옥 가족여행 다녀오느라 쌍둥이 손자가 졸업식 예행연습에 참여하지 못해 실수할까 봐 조금 걱정이 되었다.

쌍둥이 손자와 아들 며느리 그리고 남편과 내가 한차로 출발했고, 외할아버지와 외할머니는 따로 오셨다. 졸업식은 유치원 강당에서 진행되었는데 유치원에 도착하니 벌써 많은 학부모님이 의자에 앉아 계셨다. 우리는 자리가 없어서 뒤쪽에 서서 졸업식이 시작되기를 기다렸다. 졸업식에 참석한 가족들의 손엔 꽃다발과 선물이 들려 있었다.

앞쪽에는 졸업하는 원아 26명이 앉을 자리가 있었고 뒤쪽에 학부모 석이 마련되어 있었다. 유치원은 강당도 좁았고 학부모님께서 이렇게 많이 올 줄 몰랐는지 의자가 부족하여 뒤쪽에 서서 졸업식을 참관했다. 우리 집만 해도 쌍둥이 손자 말고 여섯 명이나 참석했으니 자리가 좁을 수밖에 없다.

식순에 의해 개회사와 국민의례가 있었는데 원아들이 애국가를 어찌나 힘차게 잘 부르는지 참석하신 분들 얼굴에도 저절로 미소가 번졌다. 정말 오랜만에 들어보는 힘찬 애국가였다.

초등학교 요즘 졸업식도 몇몇 우수 학생을 위한 졸업식이 아닌 모든 학생을 격려하는 축제 같은 졸업식으로 모든 학생에게 상장을 수여한다. 유치원 졸업식에서도 '친구들 추천상'이 있었다.

'바른 말 고운 말 상, 예절 바른 어린이상, 탐구하는 어린이상, 표현을 잘하는 어린이상'이었는데 상장 이름만으로도 졸업식이 빛났다. 상장 받으며 자신감과 자부심이 느껴져서 원아들에게 오래 기억에 남는 행복한 유치원 졸업식이 될 거란 생각이 들었다.

우리 집 쌍둥이 손자는 어떤 상을 받을까 기대되었는데 평소의 모습으로 볼 때 '탐구하는 어린이상, 표현을 잘하는 어린이상' 중 하나일 거라는 생각을 했는데 내 예상이 맞아서 한 명은 '탐구하는 어린이상'을, 한 명은 '표현을 잘하는 어린이상'을 받았다. 이 상은 유치원 친구들이 추천하는 상이기에 상장 받는 손자를 보며 자랑스럽게 느껴졌다.

다음으로 원아들이 부모님께 드리는 상장을 수여했는데 쌍둥이 손자가 엄마에게는 '인사이드 아웃 기쁨이상'을, 아빠에게는 '게임 레벨 100상'을 수여했다. 평소에 집에서 플레이 스테이션으로 함께 게임을 하기에 게임 잘하는 아빠가 자랑스러웠나 보다. 부모님 상을 보며 평소의 가정 모습을 보는 것 같아서 한 분 한 분 상장을 받을 때마다 웃음소리가 퍼져 나갔다.

대부분 원아가 평소에 부모님이 잘하는 부문에 상장을 주었는데 상 이름에서 유아다운 매력이 느껴졌다. 또한 졸업식에서 부모님께 상장을 수여하는 것은 처음 보아서 무척 새로웠다. 부모님 상장 수여를 보며 유치원에서 원아들에게 평소에도 인성 교육을 잘 시키는 것 같다고 생각하며 3년이나 이 유치원에 보낸 것이 자랑스럽게 느껴졌다.

상장 수여가 끝나고 1년 동안 원아들과 함께한 노벨반 담임 선생님의 편지 낭독이 있었다. 원아들에게 고마운 점, 대견한 점, 헤어지기 아쉬운 마음 등을 동화처럼 낭독해 주었고, 부모님께도 감사한 점 등을 말씀했는데 여자 원아들은 눈물을 훔치며 울었고, 뒤쪽에서 듣고 있던 엄마들도 한 분 두 분 눈물을 훔쳤다.

유치원생인데 졸업식에서 우는 모습을 보니 유치원 생활이 즐거웠을 것이란 생각이 들었고 '담임 교사와 헤어지는 것이 싫어서 그런 것이 아닐까?' 하는 생각이 들었다. 역시 여자 원아들이 감수성이 풍부했다. 남자 원아 중에 우는 아이는 한 명도 없었다. 물론 우리 쌍둥이 손자도 울지 않았다.

엄마들에게는 7년 동안 아이들을 키우면서 있었던 기쁜 일, 슬픈 일, 어려운 일 등이 지나갔으리라 생각된다. 나는 결혼하고 6년 만에 아들을 낳았다. 어렵게 얻은 아들이 쌍둥이 손자를 낳았고 어느덧 자라서 유치원을 졸업한다고 생각하니 감회가 깊었다. 첫 손자인 쌍둥이 손자가 이만큼 건강하게 잘 자란 것 같아서 나도 잠시 눈시울이 뜨거워졌다. 옆에 있던 며느리도 눈가가 촉촉해졌다.

이제 유치원을 졸업하고 2025년 3월 4일에 초등학교에 입학할 쌍둥이 손자가 어찌나 대견한지 졸업 가운을 입은 손자가 자랑스러웠다. 폐회사를 마치며 2부 행사는 유치원 마당 특별 무대에서 진행되었다. 아직 바람도 불고 추웠지만, 특별한 날이니만큼 좋은 자리가 되었다.

유치원에서 새로운 출발을 기념하는 의미로 전문 예술가인 뮤지컬 배우 남자, 여자 두 명과 피아니스트와 바이올리니스트를 초청하여 2부 행사를 진행하였다.

첫 무대는 유치원 졸업생들이 합창으로 윤일상의 〈내가 바라는 세상〉을 불렀고, 뮤지컬 배우가 원아들이 좋아하는 〈겨울 왕국〉 OST와 요즘 인기 있는 〈사랑의 하츄핑〉의 〈처음 본 순간〉을 불러 주었다. 학부모님들께서는 준비해 간 응원 봉을 흔들며 함께 즐겁게 시간을 보냈다.

뮤지컬 배우가 〈부모의 노래〉를 부를 때 또다시 엄마들의 눈가가 촉촉해졌다. 이만큼 자녀를 키우느라 맘고생이 많았을 거다. 우리 집은 주중에는 외할머니가, 주말에는 할머니인 내가 돌봐 주고 있어서 그래도 아들 며느리는 마음 편하게 직장 생활을 하였기에 조부모 찬스가 있는 우리 집이 얼마나 아이 키우기 좋은 환경이었는지 새삼 느끼게 되었다.

1시간 30분의 졸업식에 의젓하게 앉아 있는 원아들을 칭찬해 주고 싶었다. 졸업식이 끝나고 졸업 앨범과 선물로 유아용 캐리어를 받았다. 캐리어는 여행하는 것을 좋아하는 손자들에게 좋은 선물이 될 것 같다. 졸업 선물을 받는 것이 초등학교와 다른 점이다.

평소에 플래시 불빛을 무서워해서 사진 찍는 것을 싫어했던 연우의 졸업 앨범 사진이 정말 예쁘게 나왔다. 손자 졸업식이 끝나고 함께 식사한 외할아버지 외할머니와 앨범을 보며 사진 파일을 받아서 크게 확대해서 액자에 끼워 걸어 두어야겠다고 이야기하며 즐거운 식사 시간이 되었다.

오늘 유치원 졸업식을 보며 우리 아들들의 졸업식에서 느끼지 못했던 감동이 느껴졌다. 역시 손자는 귀하고 예쁘다. 어린 원아들이 졸업식 내내 바른 자세로 참여하는 모습을 보며 얼마나 기특한지 모르겠다.

　오늘 졸업한 원아들이 각자 흩어져서 집 근처 초등학교에 입학하겠지만, 지금처럼 해맑게 자신감을 가지고 즐겁게 초등학교 생활하기를 바란다. 더불어 저출산 국가가 아닌 아이가 많은 대한민국이 되길 기대해 본다. 3년 동안 지우 연우 잘 가르쳐 주시고 정성껏 졸업식을 준비해 준 유치원 선생님들께도 감사드린다.

이제는 어엿한 초등학생

신입생이 없어서 입학식을 치르지 못하는 초등학교가 매년 늘어나고 있다. 뉴스에 따르면 신입생이 없는 초등학교는 지난해보다 30곳 가까이 늘어 2025년에도 180곳이 넘는다고 했다.

더불어 2020년부터 지난해까지 전국 초중고 137곳이 학생 수 감소로 문을 닫았고, 올해는 49곳이 폐교 예정이라고 했다. 폐교 중 가장 많은 곳이 초등학교이다.

교육부의 '신입생 없는 초등학교 현황'에 따르면 2024년 입학생이 한 명도 없었던 초등학교는 112곳(휴교·폐교 제외)에 달했다. 지역별로는 전북이 34곳으로 가장 많았다. 이어 경북 17곳, 경남 16곳, 전남·충남 각 12곳, 강원 11곳 순이었다.

아들이 작년 10월에 신도시로 이사했다. 쌍둥이 손자가 2025년에 초등학교에 입학하기 때문에 아이들을 위해 이사했다. 이사 오고 놀란 것이 아파트 놀이터가 아이들로 붐빈다는 거였다.

　우리 아파트만 해도 지어진 지 오래되어 놀이터에 아이들이 없어서 비어 있을 때가 많은데 아들네 아파트에 가 보고 아이들이 많음에 놀랐다. 신도시에 젊은 사람들이 많이 산다는 것이 실감이 되었다.

　앞에서도 언급했듯이 요즘 출산율이 떨어져서 학생 수가 감소한다는 뉴스를 많이 접했다. 하지만 이곳 초등학교는 달랐다. 3월 4일이 쌍둥이 손자 입학식이어서 남편과 서둘러 단장하고 갔다. 입학식인데 아침부터 눈이 내려서 차를 가지고 출발했다. 아들네와는 학교에서 만나기로 했다.

　입학식은 병설 유치원 입학식이 먼저 진행되었고 초등학교 신입생들은 교실로 먼저 입실하였다. 쌍둥이 손자는 1학년 10반으로 배정되어 교실을 찾아서 가 보니 다른 1학년 교실과 떨어져 있지만 교문에서 가까운 1층이라서 생활하기는 편할 것 같았다. 학생들이 실내화를 벗고 양말만 신고 들어가서 이상하게 생각했더니 교실이 돌봄 교실과 겸용으로 사용하는 교실이었다. 그래서 교실에 냉장고와 싱크대가 설치되어 있었다. 다른 1학년 교실과 떨어져 있지만 바닥에 난방이 들어와서 생활하기는 편할 것 같았다.

　지우는 제일 앞자리에 앉았고, 연우는 넷째 줄에 앉아 있었다. 처음이라서 키 번호는 아니고 출석 번호대로 앉지 않았을까 생각되었다. 의젓하게 앉아 있는 손자를 보니 기특했다.

　돌봄 교실 운영도 초등학교에서 중요한 거라서 여긴 학생 수도 많으니 돌봄 교실도 많을 것이다. 교실이 부족하여 전용 교실로 돌봄 교실을 모두 만들기 어려우니 전용 교실 하나나 둘에 겸용 교실을 만들 수밖에 없었을 거다. 우리 손자도 맞벌이 부부라서 늘봄 교실을 신청했다.

1학년 10반은 명단을 보니 스물여섯 명이나 되었다. 요즘 학생 수가 줄어서 보통 초등학교는 반당 인원이 스무 명 초반이 많고, 스무 명 미만인 학교도 많은데 이곳은 반당 인원이 많은 편이라 할 수 있다.

칠판에는 입학 축하 현수막이 걸려 있었고 책상에는 학생 이름표가 놓여 있었다. 1학년 선생님들은 2월 학년 발표가 나면서부터 입학식을 준비한다. 손자 반 담임 선생님은 경력이 좀 있어 보이는 여자 선생님이셨다. 1학년은 경력이 있으신 선생님이 학생들을 잘 돌보아 주기에 잘 되었다고 생각했다. 나도 선생님 출신이라 1학년 교실을 보니 학교에서 1학년 담임하던 때가 생각나 가슴이 뭉클해졌다.

입학식이 진행되는 강당으로 올라갔다. 강당도 풍선 아트 등으로 예쁘게 꾸며 놓았고 학생석과 학부모석이 분리되어 있었다. 1학년 10반이 끝일 것 같아서 학생석 옆에 마련된 학부모석에 앉았다. 외할아버지와 외할머니도 오셔서 우리와 나란히 앉아서 입학식이 시작되길 기다렸다.

학생들이 입장해서 자리에 앉고 학부모석이 많았는데도 참석하신 분이 많아서 서 계신 분도 많았다. 1학년 학생 수가 이백 명을 훌쩍 넘었고 우리 집만 해도 엄마 아빠, 친할아버지 할머니 그리고 외할아버지 할머니까지 여섯 명이나 참석했으니 강당이 붐빌 수밖에 없다고 생각했다.

입학식은 초등학교 중창단의 식전 행사로 시작되어 국민의례, 입학 허가 선언, 교장 선생님 말씀, 1학년 담임 소개 등 보통 입학식 행사와 비슷했다. 1학년 선생님 열 분이 모두 여자 선생님이셨다. 엄마의 마음으로 1학년 학생들을 잘 돌봐 주시리라 믿는다.

1학년 학생들이 애국가를 큰 소리로 부르고 순국선열에 대해 묵념하는 동안 집중하는 모습을 보며 요즘은 유치원에서 배우고 와서 의젓하단 생각이 들었다.

교장 선생님께서 축사하러 단상 앞에 서시는 모습을 보며 나도 초등학교 교장으로 퇴직했기에 입학식 때 학생들과 학부모님께 부탁 말씀드렸던 것이 생각나서 집중해서 교장 선생님 말씀을 듣게 되었다.

"학생도 학부모님도 선생님을 사랑하고 존중해 주시길 부탁드립니다. 그리고 친구들과 사이좋게 지내며 행복하게 학교생활하기 바랍니다."

참 평범한 말씀이지만, 이 두 가지만 잘 지켜도 행복하게 초등학교 생활하리라 믿는다.

이렇게 식이 끝나는 줄 알았다. 하지만 화면에 그림책이 등장했다. 최숙희 그림책 『열두 달 나무 아이』다. 나도 좋아하는 그림책이라 퇴직 전 입학식에서 읽어 주었던 그림책이다.

인천광역시 교육청에서는 '읽걷쓰 운동(읽기를 통해 지식과 지혜를 쌓고, 걷기를 통해 신체적 건강과 사유하는 힘을 기르며, 쓰기를 통해 자신 또는 타인과 소통·공감하고 성찰할 수 있다.)'을 진행하고 있어서 초등학교 입학식도 '일걷쓰와 함께하는 책날개 입학식'이란 이름으로 교장 선생님께서 책 읽어 주는 입학식을 진행하여서 더 의미 있는 졸업식이 되었다.

남자 교장 선생님께서 편하게 읽어 주시는 이야기가 참 좋았다. '열두 달 나무 아이'처럼 한 학생 한 학생 모두 소중한 아이들이기에 초등학교에서 밝고 건강하게 보내길 마음속으로 빌었다.

입학식은 간단했는데 입학식이 끝나고 학급별로 단체 사진을 찍느라 시간이 오래 걸렸다. 손자 반이 10반이라 제일 마지막에 사진을 찍고 교실로 내려갔다. 평소에 사진 찍을 때마다 어색한지 가끔 눈을 감고 찍던 손자들이 잘 앉아서 예쁘게 찍었다.

쌍둥이 손자 초등학교 입학식에 다녀오며 마음속으로 빌어 보았다. 2025년에는 학교마다 학부모 민원으로 고통받는 학교가 없고, 학교 폭력으로 아픈 학생이 없기를 바란다. 사고로 다치는 학생들도 없어 학생, 학부모, 선생님 모두 행복한 1년이 되길 응원한다.

더불어 우리 집 보물 1호 쌍둥이 손자가 선생님 말씀 잘 듣고 친구들과 사이좋게 지내며 건강하고 안전하며 행복하게 학교생활하길 기도한다.

손자는 천재인가

"할머니, 뱀딸기 보러 가요."
손자 손에 이끌려 풀밭으로 간다
풀 속에 숨어 있는 뱀딸기 가리키며
"하나 둘 셋, 뱀딸기가 세 개 있어요."
뱀딸기가 수줍은 듯 얼굴이 빨개졌다

"할머니, 산딸나무 보러 가요."
손자가 앞장서서 산딸나무 아래 서 있다
떨어질 듯 달린 열매 보며
"딸기가 나무에 달려 있네요."
산딸나무도 부끄러운지 얼굴이 빨개졌다

손자는
제비꽃도 찾아내어 이름 불러 주고
씀바귀 노란 꽃도 아는 척한다
베란다에 있는 브라질 아부틸론도

제라늄도 알로카시아도

손자의 친구다

손자는

식물 이름 알려 주면 잊어버리지 않는다

손자는 아무래도 천재 같다

 쌍둥이 작은손자 연우는 식물에 관심이 많다. 특히 민들레를 좋아해서 밖에 나가면 민들레꽃을 찾아 어느새 하나를 따서 들고 있다. 토종 민들레인지, 서양민들레인지도 구별한다.

 우리 집 베란다에 있는 식물 이름도 다 외우고, 혹시라도 꽃이 피면 정말 좋아한다. 여름에 제라늄과 밴쿠버 제라늄꽃이 피었었는데 사진을 찍어 달라고 했다.

 아파트에 산딸나무가 있다. 요즘 열매가 빨갛게 익었다. 손자는 하얀 산딸나무꽃도 좋아해서 꽃이 필 때부터 관심을 가진다.

 아파트 풀밭에서 익은 뱀딸기 이름을 물어서 알려 주었는데 밖에 나가면 뱀딸기가 있나 보러 가자고 한다. 풀숲에 숨어 있는 뱀딸기도 손자 눈에는 잘 보이는지 찾아낸다. 보고 지나치려고 하면 사진 찍어 달라고 해서 찍어 주면 핸드폰으로 보며 즐거워한다.

한 번 가르쳐 준 식물 이름은 잊어버리지 않고 기억했다가 볼 때마다 말해 준다. 식물학자가 되려나 모르겠다. 손자가 천재 맞는 것 같다.

닫는 글

쌍둥이라 행복도 두 배

　7년 동안 쌍둥이 손자 주말 육아하며 어려운 점도 있었지만 행복했다. 처음 우리 집에 올 때 꼬물꼬물 작은 아기가 어느새 자라서 올해 초등학교에 입학했다. 커 가는 모습을 다 보았기에 더 정이 가고 예쁘다.

　이 책은 쌍둥이 손자가 자기들 이야기로 책을 만들어 달라고 할머니 숙제를 내주어서 시작했다. 내가 브런치 스토리 작가로 글을 쓰기 시작한 것은 퇴직하기 조금 전인 2022년 6월 2일부터였다. 손자는 2018년 2월 14일에 태어났으니 만 4세가 조금 넘었을 때부터다.

　주말마다 우리 집에 와서 2박 3일을 지내고 가기에 내 글에 쌍둥이 손자 이야기가 늘 등장했다. 즉 손자가 글감을 물어다 준 거다. 책을 만들어 달라는 손자 이야기에 손자 관련 글을 모아 보니 30여 편이 되었다. 쓴 글을 보완하면 책을 출간할 수 있겠다 싶었다. 그렇게 시작된 책 출판 프로젝트는 지난겨울부터 시작되었다. 그동안 쓴 글을 정리하고 몇 편은 다시 써서 이렇게 '지우 연우 추억 이야기'가 완성되었다.

이 책이 쌍둥이 손자에게 좋은 추억이 되길 바란다. 쌍둥이는 키우기는 조금 힘들지만 한 번에 키울 수 있어 좋은 점도 있다. 힘도 두 배로 들지만, 쌍둥이라 행복도 두 배다. 책을 세상에 내놓으며 읽는 분들에게도 행복이 전해지길 기대해 본다.

마지막으로 내 글이 세상에 나올 수 있도록 용기를 주신 분들과 라이킷과 댓글로 응원해 주신 브런치 스토리 작가님들께도 감사드린다. 바쁜 일정 가운데 기꺼이 추천사를 써 주신 브런치 스토리 최명숙 작가님, 양원주(페르세우스) 작가님 그리고 홍윤표 작가님께도 진심으로 감사드린다. 부족한 글인데 멋진 책으로 만들어 주신 미다스북스에도 감사드린다.

여기까지 올 수 있도록 힘이 되어 준 남편과 퇴직 후 제2의 인생을 늘 응원해 준 아들 며느리에게도 고맙다는 인사를 전한다. 늘 내 글의 글감이 되어 주고 이번 책을 출간할 수 있도록 추억을 만들어 준 지우 연우, 그리고 막내 준우가 있어 늘 행복하다. 소중한 손자 지우, 연우, 준우가 하고 싶은 일, 좋아하는 일 하며 세상에서 마음껏 꿈을 펼치길 응원한다.

앞으로도 따뜻한 글 쓰며 은퇴 후의 일상을 이어가리라 기대해 본다.

2025년 6월

유영숙